誰も書かなかった
日韓併合の真実

Truth of Annexation of Korea

豊田隆雄 著

彩図社

はじめに

日韓併合とはなんだったのだろうか？

返ってくる答えは、立場によって大きく異なる。日本による統治を抑圧とみなして否定する向きもあれば、近代化が日本によってもたらされたことを強調して、肯定的に捉える向きもあるだろう。「日本は正しい歴史認識を持て」「歴史を歪曲せず勇気を持って向き合え」と迫っていた韓国の前大統領朴槿恵《パククネ》は、明らかに前者の極端な例だ。

しかし、人間が本来複雑なものである以上、歴史を単純化しすぎるのは、非常に危険だ。日本が韓国を統治した35年間、世界情勢は刻々と変化し、統治者は何人も入れ替わった。そんな中で敵味方に分かれ続けることなど、本当に可能なのだろうか？　また、日本が近代化をもたらしたと言っても、それで朝鮮の人々は豊かになることができたのだろうか？

こうした疑問に対する答えは、統治の時期によって異なるし、探そうと思えば異なる意見を見つけることもできる。しかし大事なのは、ベースとなる全体像をつかむことである。現在、日韓の近代史は政治的な影響のせいで、なかなか自由な議論が行えないのが実情だ。

韓国では、民族主義的な歴史観が浸透し、最後は必ず「日本＝悪」という視点に行きついてしまう。一方、そうした過激な論法に日本では反発の声が上がり、「日本は何も悪いことはしていない」という極論まで出るようになっている。

こうした傾向に陥るのは、細かい事実のみを拾い上げて、自分が望む結論に結びつけているからである。そうした細部の探求は研究者に任せて、我々は感情論から抜け出すための知識を持たなければならない。

そこで本書では、日本が朝鮮半島を統治した35年間の歴史を、客観的に振り返ってみたいと思う。私は社会の教師という立場上、また、学生時代に日朝関係に関する勉強をしていた関係上、この時期の歴史書や史料を目にする機会が多少はある。そのため、イデオロギーに固執せずに客観的に日韓併合時代を解説できると考えている。

韓国や北朝鮮にとって都合の悪いことも書いたが、日本にとって耳の痛いこともかなり書いている。それでも、「言いか悪いか」という二者択一ではなく、「何が起きたのか」という事実の探求を心がけて執筆したつもりなので、歴史と真摯に向き合いたい方には、ぜひ読んでいただきたい一冊だ。

おおまかな内容は、以下のとおりである。

まずは序章で朝鮮開国から日韓併合までの流れを追い、第1章「日本の植民地支配の目的は何か？」で、いわゆる武断政治期を中心とした総督府の政策について解説している。日本の植民地支配の目的、朝鮮の旧王族、旧支配層両班、宮殿などのその後などが本章のテーマだ。

第2章「三・一独立運動の衝撃と総督府の対応」では、様々な要素が重なって起こった三・一独立運動と、それ以後の総督府の対応の変化について紹介している。日本の統治が35年間も続いた一因は、この頃の政策転換にある。その実態を知ってもらいたい。

第3章「日本が実施した経済産業政策の功罪」では、日本が近代的な経済体制を朝鮮に持ち込んだ理由とその影響を考えてみたい。先に資本主義化した日本は、朝鮮に貨幣・鉄道・電力・工業を導入した。その結果、朝鮮経済は日本経済圏へと取り込まれるようになり、国家運営のうえで重要な地位を占めるようになる。

第4章「総督府が導入した諸制度の意味」では、土地・衛生医療・家族制度の導入を通じて、朝鮮に「近代」という価値観が芽生えた過程をまとめている。これらの政策の一部は、図らずも、朝鮮人にアイデンティティを意識させることになる。朝鮮人の姓名を奪ったと議論になる創氏改名の背景についても、詳しく記述してある。

最後の第5章「戦争と朝鮮半島」では、日中戦争、太平洋戦争に朝鮮人がどのように関わっていったのかを紹介する。兵役に関しては、徴兵という「義務」を課すことに対して、「権利」はどうすべきか、という問題が浮かび上がってくる。ここから、日本による朝鮮統治がどのようなものだったのか、わかってくるはずだ。

なぜ日本による植民地統治は可能だったのか？　当時の人々は日韓併合時代の政策をどう受け止めたのか？　こうした疑問を抱きながら、本書の執筆を続けた。私なりの答えが少しでも読者の皆さんの参考になれば、筆者としてはうれしい限りである。

誰も書かなかった

日韓併合の真実

目次

第2章 三・一独立運動の衝撃と総督府の対応

第3章 日本が実施した経済産業政策の功罪

第4章 総督府が導入した諸制度の意味

第5章 戦争と朝鮮半島

序・李朝崩壊から日韓併合まで

●日本から見た日韓併合

日韓併合時の諸政策の話に入る前に、まずは併合までの流れを確認したい。現代の視点から「植民地は悪いものだ」と批判するのは簡単だが、それでは問題の本質は見えてこない。日本が朝鮮半島を植民地としようとした背景は何か？　朝鮮半島の人々や他国はそれをどのように受け止めたのか？　そうした当時の状況を、まずは日本側の立場から整理しよう。

そもそも、日本が朝鮮を併合しようとしたのは、軍事的な理由による。ロシアから自国領土を守ることが第一の目的だ。

欧米列強への脅威から生まれた明治政府は、自国の独立維持のためには、隣国である朝鮮が外国に侵略されないことが大事だと考えていた。朝鮮の独立維持を目指すこと。これが日本政府の対朝鮮方針の基本であり、のちに保護国化、合邦化へと方針転換していくことになる。朝鮮を開国させ、１８８０年代からは軍事顧問の派遣などを通じて近代化を図り、さらには清とロシアと戦争をして朝鮮の独立を認めさせ、親日政権を樹立させようとしたのも、そうした列強に対する危機感に基づいている。

朝鮮をめぐって対立する日露を風刺する絵（「日露戦争諷刺画大全」より）

　しかし、軍事力を背景にする性急な日本の改革に、朝鮮内では不満の声があがった。そもそも、朝鮮人は外国人を夷狄と呼んで蔑んでいたため、近代化を受け入れる土壌が育っていない。そんな中で、日本は清やロシア、イギリス、アメリカなど、朝鮮半島の権益を求める諸外国と衝突することもあったため、思うようには進まなかった。

　特に、朝鮮を狙っているロシアは、不穏な動きを見せるようになる。中国で義和団事件が起きると、ロシア軍は事件終息以降も満州から撤退せず、韓国との国境に防御線を構築し始めたのだった。不凍港を求めて南下するロシアが朝鮮半島に進出するのは、時間の問題だった。

こうした事態を受けて、日本政府内では強硬論、具体的に言えば保護国政策が支持を集めるようになっていく。朝鮮の自力では独立を維持できないから、日本が外交権を掌握して日本の軍隊で守ろう、という発想だ。政策として本格的に掲げられるようになったのは、１９０１年の桂内閣のとき。日露戦争前後の頃で、朝鮮政権の中枢にあった閔妃《ミンピ》を殺害して親日政権を発足させ、抵抗を受けながらも日本主導の近代化を図っていた時期だ。

その後、日露戦争中に朝鮮への保護国政策が実施され、内政から外交に至るまで、日本の影響力が他国に抜きんでる状態になったが、これに反発する義兵運動が朝鮮各地で起こり、かえって治安が不安定になってしまう。

これに対して日本の国内世論は、次第に合邦によって朝鮮統治の安定を図るべきだという声が強くなっていった。その声は、日本支配に反対する高宗が、ハーグで開かれた国際会議に密使を派遣し、日本支配の不当を唱えようとした「ハーグ密使事件」後に高まった。

こうした流れを受けて、日本政府は朝鮮との合邦を決定した。イギリス、ロシア、アメリカの承認を段階的に得て国際社会と同意を取り付けると、１９１０年8月22日、日本と朝鮮は

「韓国併合に関する条約」を結び、ここに日韓併合が実行されたのである。

●朝鮮から見た日韓併合

それでは、朝鮮側からすると、日韓併合はどのように映ったのだろうか？

大院君（左）と閔妃（右／別人の可能性もあり）。閔妃は専制君主制を布いた大院君から実権を奪い、開国に伴う恩恵を一族で独占した。

まず押さえておくべきことは、朝鮮半島へ近代化の波が押し寄せるなかで、当の朝鮮の統治者たちは、有効な手を打つことができずにいたことだ。

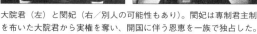

その原因の一つは、朝鮮王朝の腐敗である。19世紀半ばの朝鮮半島で実権を握っていたのは、国王高宗《こうそう》の妻閔妃だ。もともとは、高宗の父である大院君《テウォングン》が政権を掌握していたが、閔妃が大院君に追放された有力な官僚や開化派勢力の一部を勢力に取り込んだことで、気づけば大院君は政権を乗っ取られ、政府は閔氏一族が支配する腐敗の巣窟と化していた。

閔妃政権の特徴は、近代化を目指しながらも一族の利益を優先したことにある。

大院君はキリスト教を弾圧するなど排外的だったが、閔妃政権は開国路線を突き進み、日本の後援を得て近代化を図ろうとした。しかし、開国に伴う物価上昇や相次ぐ増税によって庶民の生活は困窮し、近代化の恩恵を受けるのは閔氏一族ばかり。

しかも、朝鮮はただでさえ、排外的な空気が充満していて、近代化に反発する声が大きかった。１８７１年に朝鮮を開国させようとして失敗したアメリカのロー公使は「朝鮮はペリー提督出向前の日本よりもいっそう厳しく鎖《とざ》した国土である」と評すほど。その空気が簡単に変わることはなく、外国への反発と同時に、近代化を図る政府への反発も強まり、義兵運動が活発化することになる。

そんな庶民の不満をよそに、閔妃一族と大院君、さらには大院君の跡を継いだ高宗による権力闘争は続いた。閔妃政権による近代化改革が失敗したのちも両者は対立し続けたが、いずれも外国に頼った近代化を目指した点では共通していた。

だが、ロシアをはじめ、日本やイギリスなどは朝鮮のためではなく、自国の利益のために朝鮮を支援したのだから、当然軋轢《あつれき》が生じることになる。しかも、朝鮮はその時々に力の強い国につくばかりで一貫性が欠けていたため、近代化は自主性を欠いた中途半端なものとなった。

大国に挟まれた朝鮮政府からすれば、近代化に遅れた以上、いろんな国に庇護を求めて必死に動き回る以外、手は残されていなかったのかもしれない。しかしその結果、東アジアの勢力図は何度も入れ替わった。この時期の東アジアは、朝鮮をめぐって混乱に陥っていたといってもいい。

日本が日清戦争や日露戦争に踏み切った原因の一つも、朝鮮半島の不安定な情勢にあった。閔妃が清、日本、アメリカ、ロシアと次々に接近する国を代えたり、高宗自身が近代化を拒んだり、義兵運動や農民運動を防ぐことができなかったりしたことで、朝鮮の独立が脅かされることを日本は焦った。

しかしその焦りが、強硬策へとつながっていく。日清戦争後、日本は親露的な態度を示した閔妃を殺害し、親日派にテコ入れして内政干渉を強化する強気な策をとっていくのである。当然ながら、朝鮮における日本への反発はさらに高まっていき、義兵運動が増えていった。

前述した通り、日露戦争前後の日本による保護国化政策は、そうした情勢不安の解消のために考えられたものだが、保護国化はかえって朝鮮の政情不安を招くことになる。日露戦争勝利後の１９０５年11月17日、日本が朝鮮と第二次日韓協約を結んで朝鮮の外交権を掌握すると、皇城新聞は条約締結反対を訴え、韓国政府高官が日本に抗議して自決するなど、反対派が大きく抗議したのだ。

なぜこのような反発が起きたのだろうか？　それは、これまで朝鮮の独立を唱えてきたはずの日本が、独立とは正反対の保護国化を決めたからである。高宗や閣僚が条約調印に反対していたこともあり、独立が日本によって侵害されたと思われても、無理はなかった。

こうした反対運動は、ハーグ密使事件後にさらに拡大した。事件後、日本は韓国政府に「第三次日韓協約」を結ばせ、朝鮮の内政権を掌握して軍隊を解散させ、司法、警察権をも手中に収めたが、一部の軍人が民衆蜂起に加わり、反日武装闘争や抗日ゲリラなどで抵抗するようになったのだ。

●初代統監・伊藤博文の考え

こうした時期に朝鮮半島統治を最前線で指揮したのが、明治政府の功労者・伊藤博文だ。1905年、伊藤は第二次日韓協約に基づいて設置された統監府の初代統監に就任し、朝鮮に赴任していた。天皇の名代として統監になった伊藤は、激化する義兵運動を軍隊によって鎮圧させ、治安の維持を図ろうとした。

しかしこの伊藤が1909年、ハルビン駅で民族主義者の安重根《アンジュングン》に暗殺されるという悲劇が起こる。安はその場で逮捕され、翌年、旅順で処刑された。安が伊藤を暗殺したのは、日本が約束を破って朝鮮を保護国化したことが理由の一つだ。それだけ、当時の朝鮮の人々は日本による保護国化に反発していたのだろう。

なお、日韓併合反対派の伊藤が暗殺されたことで日韓併合が早まったと言われることがあるが、それは誤解だ。確かに伊藤は統監時代の前期、日韓併合に反対していた。それは、植民地経営にコストがかかることを懸念していたからだ。伊藤としては、朝鮮が自治をできるよう自立するまでは、一時的に日本の保護国にした方がいいと考えていた。

ただ、併合自体に反対していたわけではないようで、1907年の日露協商締結交渉の席上では、ロシアに対して、朝鮮との合併の承認を得ようとしていた。このことから、保護国化ののち、将来的には併合しようという考えだったと思われる。

しかし、そうした漸進的な併合案は、朝鮮人の反発

統監府へ向かう伊藤博文

によって断念することになる。伊藤は皇帝の巡幸を敢行したときに民衆の反発を受けたことで、１９０９年前半には、保護国化をあきらめていたのだ。その証拠に、統監辞任後、枢密院議員となって朝鮮政策の最終決定を下す立場に就いていた伊藤は、桂太郎首相から日韓併合の可否を尋ねられた際、特に反対せずにこれを承認している。伊藤が暗殺されなかったとしても、日韓併合は予定どおり進められていただろう。

時期を同じくして、朝鮮国内でも、日本との合邦を唱える勢力があった。１９０４年12月に設立された、一進会《いっしんかい》という団体だ。その前身の一つである進歩会は、日露戦争中に約５万人を動員して日本陸軍の鉄道敷設工事や弾薬の運搬などを支援したという。その後、陸軍の支援を受けて急成長した一進会は、日本の国家主義団体を通じて日本政府中枢とも気脈を通じるようになり、１９０７年に成立した李完用《イワニョン》内閣には、一進会出身者が入閣するほど勢力を拡大していた。

一進会の急進的な合邦論は伊藤統監に容れられなかったが、日本の官民に合邦を促したという点では、影響力が大きかったと言えるだろう。

こうして、日本と大韓帝国が合併する日がやってきた。

１９１０年８月18日、日本側の意を受けた首相の李完用が純宗皇帝に対して、「日韓併合に関する条約」の締結を昌徳宮《しょうとくきゅう》で奏上した。純宗皇帝はこれを承認し、その後、閣議にあげられた。といっても、閣僚は日本の圧力を受けていたから、反対したのは学部大臣李容植ただ一人。残りは全員賛成した。

この頃には統監府の鎮圧で義兵運動も下火になっていたこともあり、併合条約調印当日には大きな暴動が起こることもなかった。

●日韓併合条約は違憲なのか？

以上が、日韓併合の大まかな流れである。こうしてみると、日本は自国の独立を守るためとはいえ、かなりの無茶をやってきたことがわかる。一進会も支持していたとはいえ、彼らが唱えたのはあくまで日本と朝鮮の対等な合併である。当時の国際状況でそれができたとは思えないが、日韓併合が一進会の予期せぬ方向に向かったのは確かだろう。

ただし、併合までの流れが強引であることは否めないものの、日韓併合は当時の国際法を守って実行され、諸外国の承認も得ていた。ハーグ密使事件もそうだが、現在のような国際機関もなく、帝国主義が世界を席巻していた当時、実力のない朝鮮に耳を傾ける国はなかったのである。

こうして日本の一部となった朝鮮では、以降35年間、朝鮮総督府による統治が続けられることになる。時期によって統治方法は変わってくるが、総督府の建前は揺らいではいない。朝鮮統治の基本方針。すなわち、同化政策である。

これを指して韓国人や日本の学者のなかには「朝鮮民族の抹殺を図った」という物騒な物言いをする人もいるが、そう単純な話ではない。当時の人たちにとって、日本の統治は決してすばらしいものではなかったが、苛斂誅求《かれんちゅうきゅう》一辺倒だったわけではない。むしろ、後述するように、総督府は統治を安定させるために、朝鮮人の理解を得ようと配慮することが多くなっていくのだ。

また、安全保障上の理由から日本政府は日韓併合に踏み切ったものの、次第に金融・工業・食糧などの面からも、朝鮮統治は日本にとって重要な地位を占めるようになっていく。その結果、朝鮮社会はどう変化したのか？

次章からは、そんな日韓併合時代の事実を紹介していきたい。感情に流されず、一面的な事実だけに依拠しなければ、その実態が見えてくるはずだ。

第1章

日本の植民地支配の目的は何か？

1・各国の植民地事情

●併合なのか植民地なのか？

植民地と聞いて何を連想するだろうか？　スペインやポルトガルの中南米侵略か。はたまた、帝国主義における欧米列強諸国によるアジア・アフリカ侵略か。

そうした西洋諸国の植民地では、先住民を無視した非合法な搾取が横行し、過酷な支配が行われていた。帝国主義の時代において、ヨーロッパでは「文明化の使命論」が唱えられ、「劣等なあるいは退化した人種の向上をはかることは、人類にとって神の摂理にかなった事業である」とされた。こうして侵略が肯定されたのである。

では、日本による植民地支配はどうだったのだろう？　韓国の民族主義者からすれば、「日本による支配は欧米列強のそれ以上に過酷で、類を見ない残忍なものだった」ということになるのだろう。

確かに、日韓併合の過程で朝鮮人の抵抗があったのは事実だし、併合後も規模の大小こそあれ独立運動を志向する動きはあった。しかし、統治全般を見渡せば、列強のような非合法な支配体制ではなかったことや、国際社会から逸脱したものではなかったことがわかってくる。

欧米列強にとって、植民地とはどのようなものだったのか？　まずはフランスを例に考えてみよう。

清仏戦争においてフランスが勝利を収めたランソン攻勢

●フランスによるアジア統治

アジアで絶大なる力を誇り、巨大帝国を形成していた清。朝鮮をはじめ、ベトナム、タイ、ミャンマーなどを属国とする冊封《さくほう》体制を築いていたが、アヘン戦争敗北以降、ヨーロッパ勢には負け続けで、まったく歯が立たない状態であった。

この清国からベトナムを奪ったのが、フランスだ。１８８５年、清仏戦争に敗れた清はベトナムから撤退し、勝利したフランスはベトナムを保護国とする。これをきっかけに、フランスはインドシナ東部（ベトナム・カンボジア・ラオス）の支配を確立し、フランス領インドシナ連邦を形成していった。

フランスの統治は、清のように貢物を届ければ安泰という生易しいものではなかった。人頭税をはじめ、土地税、結婚税、葬式税など、さまざまな税による支配を実施。塩、アルコール、アヘンなどにも税をかけ、鉄道などのインフラ整備にあてていた。フランス企業が資本を投下する基盤をつくるためであった。

教育制度に関しても、フランスはまったくといっていいほど関心を持たなかった。植民地の人間は、従順な農民や労働者であったほうが都合がいい。それがフランスの本音だった。ベトナムが長年使用してきた漢字と科挙を廃止したのも、そうした思惑に基づいている。

フランス領カンボジアでも、教育制度はあまり普及しなかった。総合大学は一校もなく、終戦間際の１９４４年でさえ、学齢に達していた男児の5分の１以下しか学校に行けなかった。

カンボジア以上に悲惨だったのはラオスだ。１９１７年に小学校、１９２１年に中学校がつくられたが、高等中学校がラオスにつくられたのは、戦後の１９４７年だった。

このような状態だったから、植民地支配が終わった頃、フランス領インドシナ全体で読み書きができたのは、わずか10パーセントだったという。

ニューヨークジャーナルによる米比戦争の風刺画。アメリカが、子どもでも容赦なく手をかけたことを非難している。

●アメリカのフィリピン統治

フランスとは対象的に、植民地の教育に力を入れたのがアメリカだ。しかし国民のためではなく、あくまでもアメリカのためだった。

アメリカは、米西戦争の勝利によって、スペインの植民地だったフィリピンの領有権を獲得した。しかし、それに反発するフィリピンとの間で戦争が起きる。米比戦争である。

この戦争によって、フィリピンは大きな傷を負った。アメリカ軍によるフィリピン人虐殺事件が各地で発生し、犠牲者は20万人（全人口の３％）にも及んだと推定されている。また、水牛の90パーセントが失われて農耕に影響を及ぼし、米の収穫量が四分の一にまで激減したという。

ここまでやられてフィリピンの革命軍が黙っているわけもなく、アメリカは予想以上に抵抗に苦しんだ。そこで考えられたのが、教育の普及だった。早くも米比戦争中の１９０１年には無償の初等教育が、翌年には中等教育制度が成立。１９０８年には国立フィリピン大学が設立されたが、その目的は、フィリピン人エリート層を懐柔して植民地支配に協力させること、英語を浸透させて行政事務を円滑にすすめることだった。特に、当時のエリート層はスペイン語使用者だったため、その言語を英語に代えるために教育の普及は急務だった。

学校ではアメリカ人用の教科書が使用され、授業は英語で実施された。担当したのは、退役軍人やアメリカから派遣された教師たち。その結果、監視の目が行き届くようになり、フィリピンに暮らす人々は、教育を通してアメリカによる植民地化の正当性を植えつけられるようになっていった。

●イギリスによるエジプトの保護国化

次に、イギリスによるエジプトの保護国化のケースを見ていこう。

ヨーロッパに近いエジプトは、オスマン帝国の属領時代から欧米の侵略に危機感を抱いており、19世紀初頭から近代化に着手して成果を挙げていた。

しかし、支配者が贅沢三昧な暮らしを続けたことで国家財政は疲弊。そこで採られたのが、スエズ運河株の売却だ。エジプトは、17万6600株をイギリスに売却したのだが、これが破滅の一歩となる。大株主となったイギリスは、筆頭株主のフランスとともに主要債権国としてエジプトの財政を管理下に置いたのだ。

1881年、エジプトの陸軍将校ウラービー・パシャは「エジプト人のエジプト」を掲げて政権を掌握するが、イギリスは軍隊を送ってウラービー軍を壊滅させ、カイロを占領。エジプトはイギリスの保護国となった。

イギリスの支配に抵抗するも敗れたウラービー・パシャ陸軍大佐

当然、エジプトからは反発の声が挙がったが、イギリスはあくまで「スエズ運河の安全と自国の債権者の利益を守るためエジプトが安定すれば撤退する」と主張。しかし、スエズ運河を要するエジプトは交易上、そして防衛上の重要な地域だったため、イギリスは本音としては恒久的な支配を目指していた。

他の列強と違うのは、エジプトの安定を図るため、イギリスが破綻状態にあるエジプトの経済と財政面を立て直したことだろう。責任者となったクローマー卿は1907年までの長期間エジプトに滞在し見事財政を再興したのだった。

もちろん、イギリスによる保護国化は慈善事業ではない。その証拠に、第一次世界大戦後、紆余曲折を経て戦争協力の見返りとしてエジプトは独立するが、イギリス軍の駐留は継続されたまま。イギリスは権益を守ることを忘れなかった。

●欧米列強との植民地支配との比較

欧米列強による植民地支配は、日韓併合が行われた1910年頃も継続していた。インドネシアでは、オランダによる強制栽培制度が1917年まで続いたことで慢性的な食糧不足となり、定期的に飢餓が発生して多くの国民が命を落とした。

ベルギーが支配するコンゴでも、国王レオポルド2世によるカカオやゴム、象牙の収奪は過酷を極め、1865年に2000万人いた人口は、1911年には850万人にまで減少している。

他にもイギリスは、南アフリカで行われた「ボーア戦争」の際、オランダ系ボーア人を支援した原住民数万人を強制収容所送りにしており、およそ3万人が命を落としたとも言われている。

日本の統治にも問題はあった。だが少なくとも、欧米のようなあからさまな収奪は行わなかった。強制栽培制度を実施していないし、住民を奴隷化したり、国策として移住を強要したりしていない。教育に関しても、反発を受けたことで現場の事情を勘案するケースが多かった。欧米列強の植民地政策と、日本のそれとは一線を画すものだったと断言できよう。

2・朝鮮総督府の実態

●朝鮮総督府をめぐる議論

「日韓併合条約」の締結により、朝鮮半島は日本領土となった。その統治機関として絶大な権力を握ったのが、朝鮮総督府である。その統治については、「朝鮮の人々のアイデンティティを奪った」という否定的な評価から、「日本の国費を使って朝鮮を急速に近代化させ、戦後の発展の基礎を作った」といった肯定論まで幅広い。

しかしそうした意見のぶつかり合いは、ときに感情的になり、冷静な分析を忘れさせてしまう。そこで本項では、両論で見過ごされがちな「実情」から、総督府による統治の基本的な部分を考えてみたい。別項でも紹介するように、朝鮮人はときに総督府に不満を持ち、それが抵抗運動として爆発することも一度や二度ではなかった。にもかかわらず、総督府が終戦を迎えるまで統治を続けることができたのはなぜなのだろう？　その理由を、単に総督府による一方的な暴力があったと考えるのではなく、社会的な背景を元に考えてみよう。

朝鮮総督府庁舎

●朝鮮総督府と総督

朝鮮総督府は、総督を頂点とする統治機構である。当初、総督は立法・司法・行政の三権、さらには軍隊統率権という広範な権限を有し、大臣に準じる高い地位に位置付けられた。

総督の補佐役として政務総監がついた他、中央には総監官房および財務、内務、殖産、農林、法務、学務、警察などが置かれ、逓信《ていしん》局、裁判所、監獄、警務総監部、印刷局などの官庁も統括した。さらには朝鮮人の意思を統治に反映させるため、総督の諮問機関として中枢院が設けられ、鉄道、道路、電気の整備、上下水道、病院、学校の設立な

初代総督寺内正毅（左／国会図書館所蔵）と10代阿部信行（右）

どのインフラ整備も担当するなど、その組織図は非常に巨大なものだった。

こんな大組織を指揮するのだから、長官である総督には相当の力量が求められた。繰り返しになるが、日本の防衛上、朝鮮半島の安定は欠かせなかったため、その支配者たる総督は優秀な人材でなければ務まらなかった。

歴代総督は、日韓併合時代の35年間で、初代の寺内正毅《てらうちまさたけ》から10代の阿部《あべ》信行《のぶゆき》まで計9人。そうそうたる大物ばかりである。すべて現役の大将だったのは、軍隊の統率権をもつという特性上、文官が総督に就くことに抵抗があったからだ。

武断政治を進めた寺内正毅や、内鮮一体を推奨した南次郎のように、朝鮮の統治方針は、総督の考えがかなり反映される。それは裏を返せば、総督にとって朝鮮統治は、政治的実力を示す絶好の場であったということだ。

ただ弾圧しただけでは評価されない。どれだけ実績を挙げたかが評価される。そんな世界だったからこそ、総督はのちに高い地位に就く政治的実力者が選ばれるのが常だった。総督経験後に総理大臣になった者は、寺内正毅・斎藤実《さいとうまこと》・小磯国昭《こいそくにあき》の３人。さらに阿部に至っては、総理大臣を経験してから総督に就任している。阿部の時代は戦況が悪化していたため、総督には政治力のある人が必要だった。それだけ、朝鮮総督に求められる能力は高かったのである。

●現実路線を選んだ朝鮮総督府

とはいえ、総督の政治的能力が高いといっても、統治の評価に関しては、様々な意見がある。特に韓国では、民族主義的な価値観がいまだ根強く、否定論一辺倒なのが普通だ。なかでもよく言われるのが、「日本は朝鮮民族の抹殺を図っていた」というもの。朝鮮人を強制的に日本人にしようとした、という非難だ。

確かに、総督府の政策の柱は、同化政策だった。それは武断政治時代も文化政治時代も変わらない。しかし、同化政策といってもナチスのユダヤ人迫害のようなものではなく、統治を安定させるために、総督府は朝鮮人有力者の協力を仰いでいた。意外に思われるかもしれないが、総督府は朝鮮の安定に寄与できる協力者を探し出し、ときには相互が取引をすることで、朝鮮社会の不満を抑えようとしていたのである。

別項で紹介するように、総督府は同化を推進するために日本語教育を導入していたが、実際には思うように普及せずに朝鮮語が日常的に使用されていた。日本が後発資本主義国だったこともあり、その統治に問題があったのは事実である。特に日本が総力戦体制に入った1940年前後には、さまざまな規制が導入された。

しかし総合的に見れば、法の平等の実現、インフラ建設、教育の普及など、限定的ではあったものの、総督府は統治の安定につながる現実的な政策を採っていたと言っていい。

被支配者である朝鮮人からしても、総督府は単純に敵だったわけではない。植民地支配を受けながらも、その枠組みで朝鮮社会は近代化を遂げ、曲がりなりにも「日常」を手に入れた。しかし戦時動員の事例が示すように、その日常には不安定な面があったため、総督府にパイプをもつ有力者たちは、自分たちの権益を求めて総督府と取引をすることがしばしばあった。好むと好まざるとに関わらず、両者は協力せざるを得ない関係にあったのである。トップである総督に微妙な駆け引きが求められたのも、当然だった。

●武断政治から文化政治へ

日本が最初に協力者として目を向けたのは、皇帝をはじめとした皇族と、開化派官僚たち、つまりは既存のエリート層である。

前述したように、日韓併合前から、日本は朝鮮において親日政権の後ろ盾となり、皇帝にも圧力を加えながら日本主導の改革を求めた。協力というより脅しが目立っていたものの、親日団体の一進会を陸軍が金銭的に援助するなど、武力だけが武器ではなかった。一進会からしても、日本との対等な合邦という目標があったからこそ、日本への協力を惜しまなかった。

一進会を設立した李容九（左／イ・ヨング）と宋秉畯（右／ソン・ビョンジュン）。日本の支配に否定的だったが、日露戦争を機に親日に転じた。

そして、併合後、初代総督の寺内正毅の時代から武断政治が始まる。抑圧的な時期と捉えられることが多いが、一方で総督府は協力者作りも忘れていない。

言論・出版・集会の自由の禁止など、多くは朝鮮人を規制する政策を採っていたが、他方で皇族や対日協力者への叙勲や、旧エリート層の官庁への登用など、アメを与えることも忘れなかったのである。

そうしたなかで、寺内は治安の維持に乗り出していく。伊藤博文が統監だった時代、義兵運動はかなりの程度鎮圧されたが、それでも併合直後ということもあり、いつ暴動が起きるかわからない状況だったからだ。

そこで導入されたのが、憲兵警察制度である。日韓併合に先立ち、寺内によって韓国の警察事務が憲兵司令官の明石元二郎《あかしもとじろう》の手中に移されると、明石は日本人警官約2000人、朝鮮人警官約3200人、日本人憲兵2000人、憲兵補助員4000人を組織した。

このような力の統治を徹底させることによって、義兵運動は下火になり、表面的にはその治安維持は成功したかに見えた。しかし、三・一独立運動に直面した総督府は、軍事力を背景にした統治の限界に気づかされる。

力で抑えても朝鮮半島は安定しない。かえって反発を招き、下手をすれば国際社会から非難されて孤立化してしまう。

こうした認識に基づいて、総督府は融和的な路線にシフトする。そしてそれは、後述するように旧エリート層に代わる協力者を探すことにつながっていくのである。

3・李王朝の王族たちはどうなった？

●琉球王尚家と朝鮮李王家

日韓併合によって、韓国皇帝は天皇に施政権を譲渡した。これによって、天皇に直隷する総督が朝鮮を統治することになったのは前述のとおりだが、それでは５００年以上、李王朝を支配していた李王家はどうなったのだろうか？　追放か、投獄か、はたまた処刑されたのだろうか。結論から言えば、李王家は断絶することなく太平洋戦争後まで生き延びる。むしろ、日本によって優遇され、日本の皇族との結婚話も持ち上がった。総督府は、いったいなぜこのような政策を採ったのだろうか？

日本による王家の扱いに関して参考になるのが、琉球王国の尚《しょう》王家のケースである。

琉球王国最後の王尚泰

1871年、日本は「廃藩置県」を行い、琉球王朝の同意なしに琉球王国を鹿児島県の管轄とした。事実上の併合である。翌年、日本政府は「琉球藩」を設置し、琉球国王の尚泰《しょうたい》を琉球藩王として華族扱いとするが、これは日本と琉球が互いの同意のもとに文書を交わして条約を結んだわけではなく、日本側が一方的に行っただけだった。

もちろん、尚氏はこれを認めなかった。上京の要請を拒否し、朝鮮の閔妃がやったように、清へ密使を送るなど抵抗を続ける。しかし1879年、本土から軍隊と警察官合わせて約460人が送られて、軍事的威圧のもと、琉球藩は廃止されて沖縄県が置かれた（琉球処分）。最後まで抵抗した尚氏であったが、琉球王国の歴史はここに途絶えることになる。

ただし、尚泰はその後も「お家断絶」することはなかった。政府に命じられて東京に移住し、1901年、華族のまま生涯を終えている。その末裔は健在で、現在も尚家は存続している。

とすれば、日韓併合後の日本政府は、李王家も華族として扱ったのだろうか？　答えはノーである。といっても、処刑したり民間人と同じ身分になったのではない。日韓併合条約3条で「韓国皇帝や皇族に対し相応の待遇や称号を付与する」と定めていたため、李王家は「殿下」

と呼ばれ、華族ではなく「朝鮮貴族」または「王皇族」として扱われるようになったのだ。つまり、主に旧藩主を主体に構成された華族ではなく、日本の皇室に李王家が加わったようなことを意味する。帝国主義下の世の中で、このようなことは異例中の異例である。

●帝国主義のもとで

李王家が異例だとすれば、他国の旧王家はどのような道をたどったのだろうか？

１８８５年、ミャンマー最後の王朝コンバウン朝は、「第３次英緬《えいめん》戦争」でイギリス軍に王宮を取り囲まれると、無条件降伏を受け入れ滅亡した。

マンダレーの黄金宮に入城したプレンダーガスト司令官は、ティーボー王と王妃に対し、「45分後にインド西岸に出発するから、準備を整えろ」と威圧的な口調で言い放った。

覚悟を決めた王は、象か駕籠で都を出ることを希望したが、司令官はそれを認めず牛車で出ることを強要。王と家族はやむなく、多くのイギリス兵（ほとんどはインド出身の兵）に囲まれたまま、牛車で都を後にした。

その後、イギリスの軍艦に乗せられると、インド西岸のボンベイ（現在のムンバイ）に移送され、そこで一生を終えている。

コンバウン朝のティーボー王（左）とハワイ王国のリリウオカラニ（右）。両者とも、欧米列強に退位させられ国を奪われた。

ハワイの例も見てみよう。１８９３年、かねてよりハワイ王室の転覆をねらっていた米国公使のジョン・スティーブンスの要請を受けた米海兵隊は、イオラニ宮殿を包囲。アメリカの息のかかった現地の共和政派が政庁舎を占拠し、王政廃止と臨時政府樹立を宣言する「ハワイ革命」が勃発した。

翌年、本国と同じ独立記念日の7月4日に臨時政府が独立を宣言すると、反対する王政派は反乱を起こしたが、新政府軍には敵わず鎮圧される。この際、国王リリウオカラニは、私邸やイオラニ宮殿から銃器が見つかったことで、反乱の首謀者とされて逮捕・幽閉されてしまった。

そして、リリウオカラニが反乱で捕らえられた２００人の命と引き換えに女王廃位の署名をしたため、ハワイ王国は滅亡。しかも、リリウオカラニは反乱に加担した罪で、５０００ドルの罰金と5年間の重労働の刑を言い渡されてしまった。

●併合後の李王家

李王家の話に戻ろう。

併合当日の8月29日、日本は「朝鮮貴族に関する皇室令」を出した。李王家を日本の皇族として扱い、保護することを約束した法令だ。総督府は、朝鮮王家の李王や皇太子に対し「殿下」と呼ぶことを義務付けて最大の敬意を表した。

そもそも日韓併合前から、伊藤博文のような漸進主義者は、朝鮮では立憲君主制を目指すべきだと考えていた。実現はしなかったが、伊藤は天皇制にならい、皇帝をトップにして行政機構が実権を握る体制を想定していた。過去には日本の公使が朝鮮の王妃閔妃を殺害して朝鮮世論を刺激していたため、そうした記憶も対応に影響を与えたのかもしれない。

朝鮮の安定した統治という目的のためには、先行先進国である欧米列強と同じような対応ではだめで、朝鮮内に不満をためず、欧米列強に非難されないようにしなければならなかった。そのため、皇族との協力関係強化が必要不可欠だったのである。

こうして、朝鮮最後の皇帝純宗は、「李王殿下」と呼ばれて引き続き皇族として暮らすことになり、その跡継ぎの李垠《イウン》は「李垠殿下《りぎんでんか》」と呼ばれるようになった。ちなみに、李垠は日本史の教科書によく掲載されている。伊藤博文と2人で写真に収まっている、日本の着物を着た小

伊藤博文と李根

学生くらいのかわいらしい少年こそが李垠だ。
　金銭面の待遇についても、李王家には配慮がなされていた。天皇家に対する予算が450万円だった時代、総督府から毎年150万円の「李王家歳費」が支給されていた（のちに180万円）。驚くべきことに、この金額は日本のどの宮家に支給される皇族費よりも多かったのだ。

　1920年になると、李垠のもとに皇族の梨本宮《なしもとのみや》方子《まさこ》女王が15歳で嫁ぐことになった。皇族と一般人のご成婚は戦後の天皇陛下が最初であり、当時は皇族同士の結婚が普通だった。李方子妃殿下には「日鮮融和の礎」としての使命が託されていた。
　李垠は陸軍士官学校に入り、卒業後は、陸軍士官学校教官、近衛歩兵第2旅団長を経て陸軍中将になる。朝鮮出身者としては最高位で、この地位に就いた朝鮮人は、洪思翊《こうしよく》と李垠の2人だけである。

●終戦後の李王家

太平洋戦争で日本が敗北すると、朝鮮半島は独立して日本の領土ではなくなり、同時に李王家も日本の皇族ではなくなった。つまり、このとき方子と一緒に東京にいた垠は李王の地位を失い、一人の在日韓国人となったのだ。

夫妻は韓国への帰国を希望したが、当時は大韓民国と日本に国交がなかったうえに、大韓民国の初代大統領・李承晩《イスンマン》が李朝による王政復古を恐れ、「日本の皇族になったのは祖国への裏切り行為である」と難癖をつけて帰国を許さなかった。

李垠が帰国できたのは、朴正熙《パクチョンヒ》が大統領の頃、１９６３年になってから。日韓国交正常化交渉が始まったことが影響していたと言われている。もちろん方子もついて行った。

方子はソウルで身体障害者のための慈善会を設立するなど、慈善事業に力を入れた。また、日本へ宮中衣装の返還要求を出すなど、韓国のためにも尽くしている。方子は夫が亡くなってからも日本へ帰らず韓国で生涯を終えた。「韓国は私の永遠なる故郷、死んだら必ず夫の側に骨を埋めて」が口癖だったという。

4・王族の住んでいた宮殿はどうなった？

●五大宮殿とは

武断政治は抑圧的な政策ばかりだと思われがちだが、一定の配慮がなされていたのも事実だ。その例が、宮殿の扱いである。

中国の場合は、易姓革命が起こると前政権の宮殿はすべて破壊されるのが普通だった。日本でも、明治時代に廃城令が出され、数多くの城が取り壊されている。旧支配者の拠点を残すことは、新しい支配者にとって都合が悪いからだ。

しかし、朝鮮の場合は少し違った。

漢城（現在のソウル。日本統治以降は京城《けいじょう》）には五大宮殿（景福宮・昌徳宮・昌慶宮・徳寿宮・

慶熙宮）があったが、宮殿の中に学校が建設されたり、朝鮮総督府庁舎が建てられたり、はたまた動物園になった宮殿もある。なぜこのような政策が採られたのか？　その根底にあった都市の近代化という意識を、以下で紹介しよう。

景福宮（『大日本帝国朝鮮写真帖』国会図書館所蔵）

●景福宮

李朝時代の宮殿のうち、王族が過ごした王宮は景福宮《けいふくきゅう》である。１３９５年、李朝を建国した李成桂《りせいけい》が漢城に建設した宮殿で、『詩経』の「大雅篇」にある「君子万年、爾の景福を介く」から命名されたと伝えられている。

１５９２年の豊臣秀吉による朝鮮出兵のときに焼失の憂き目に遭い、国内の混乱や財源不足などでしばらく再建されることはなかったものの、近代になると様子が変わることになる。なお、宮殿を燃やしたのは日本の仕業ではなく、朝鮮人によるものだったと考えられている。住民を棄てさっさと漢城を脱出した国王宣祖《せんそ》に対する怒りから、朝鮮人が王宮になだれこんで略奪したり、奴婢の台帳を燃やしたりしたのだという。

さて、話を戻すと、270年間修復されることがなかった王宮を再建したのは、国王高宗の父興宣《フンソン》大院君《テウォンクン》だった。大院君は王家の威信を高めるために再建事業に着手。粗悪な貨幣を流通させたり、人民を工事に無理やり動員したりという強引な手法をもって、1870年に完成させた。ここに、高宗の住居と政務を移されることになる。

だが、王宮は日露の利権争いに巻き込まれ、活用される機会に恵まれなかった。1895年、日本の三浦梧楼《ごろう》らが王宮に侵入して閔妃を殺害するという乙未《いっし》事変が起こると、高宗はロシア公使館に逃亡。そこで政務を執るようになった。

その後、正宮の機能は離宮へと移されていく。高宗は慶運宮《けいうんきゅう》（のちの徳寿宮《とくじゅきゅう》）、高宗から王を譲られた純宗は昌徳宮へと移り、景福宮は王不在のまま日韓併合を迎えることとなる。そして1912年、景福宮は、総督府に移管された。

●総督府の都市計画

移管後の景福宮の扱いは、今でも韓国ではやり玉に挙げられることがある。宮内にあった大小の殿閣が破壊・移築され、のちに総督府の新庁舎が建設されたためだ。

そうした行為を総督府による抑圧だと考える韓国人がいるが、話はそう単純なものではない。総督府は、京城という空間を近代的な都市へと改造する構想を立てていた。景福宮の変容も、そうした都市構想の枠組みから捉える必要がある。

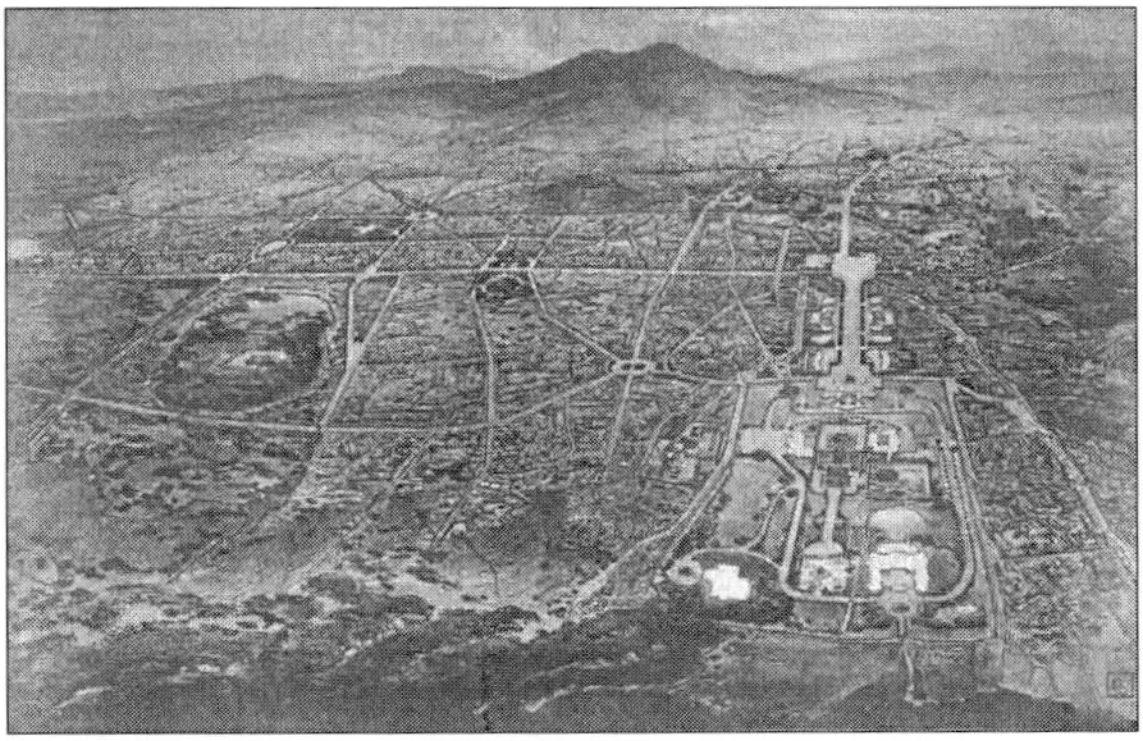
京城の近代都市計画。右下の長方形で囲まれた空間が景福宮（「京城都市構想」に関する研究」より引用）

そもそも総督府は、景福宮をどうしようとしていたのだろうか？　この疑問を考える際にヒントとなるのが、ゲオルグ・デ・ラランデが制作したという「京城都市構想図」だ（内容は、宮﨑涼子氏、徐東帝氏、西垣安比古氏、水野直樹氏らの論文によって紹介されている）。

ラランデは総督府新庁舎の設計者でもあり、神戸の旧トーマス邸（風見鶏の館）や三井銀行大阪支店の設計も手掛けたドイツ人だ。

注目すべきなのは、構想図の作成が1912年11月～1913年8月とされていること。つまり日韓併合から早い段階で、総督府は京城の近代都市化というプロジェクトを構想していたのである。

構想案では、景福宮内に総督府庁舎、博物館（二棟）、総督官舎（総督官邸）、政務総監官舎（政務総督官邸）が描かれており、景福宮の外へは市役所や郵便局といった施設に向かう道が伸びていっている。その先に見えるのは、ホテル、演劇場、公園、教会などの施設だ。全体を見渡すと、景福宮を行政区画として整備し、その外側に金融機関、公園、教会といった文化施設を設置するという構想だったことがわかる。また、道路網は既存の道路や地形、水系を生かすことを計画していたようだ。総督官邸のように、計画どおりに建設されなかったものもあるが、景福宮を中心に行政機関を設置するという構想は、その後に実現されることになる。

１９１５年に景福宮で「朝鮮物産共進会」、現在でいう博覧会が開催されたのも、当然と言えば当然だった。この際、大小の殿閣を破壊したり移築されたりして、産業館、水族館、美術館、台湾館、東京館などが建設されたが、それは計画案にあった博物館設置構想を反映してのものだったのだろう。

朝鮮物産共進会は、9月11日から10月31日まで50日間続けられた。展示された出品数は合計4万６６５点。そのうち朝鮮の物産が３万２６０５点だった。展示館は17におよび、総面積は５２２６坪ほどあったという。その跡地に朝鮮総督府庁舎を建設することが、すでに決定していた。

なお、京城の近代都市化を目指した総督府の政策は、朝鮮人から特に反対されることもなく進んだ。柳宗悦《やなぎむねよし》が保護を求めた光化門《こうかもん》は残されたが、朝鮮人から景福宮の保護を求める声は上がらなかったようだ。

その後、日本の支配が終わっても、総督府庁舎は韓国政府によって中央政庁として使用された。後に国立中央博物館になると、韓国だけでなく、日本からも観光客を集めて人気を博すようになる。だが、金泳三《キムヨンサム》大統領が「植民地時代の象徴だった旧総督府の撤去は必要」と判断し、１９９５年に解体された。

●動物園になった昌慶宮と学校になった慶熙宮

景福宮以外の宮殿はどのような運命をたどったのだろうか？　ユニークなのは、動物園と植物園となった昌慶宮だろう。その目的は、なんと純宗を慰労することだった。

１９０７年にハーグ密使事件が明らかになって高宗が日本に退位させられると、代わって息子の純宗《じゅんそう》が即位して昌徳宮に居所を移した。まだ幼い純宗は、自らの境遇を悲しみ、寂しい日々を過ごしていたようだ。

宮殿から庭園になった昌慶苑（『朝鮮之風光』国会図書館所蔵）

そこで日本側は、純宗を慰めようと、昌徳宮に隣接する昌慶宮に動物園と植物園を開園させた。名称は昌慶苑と改められ、庭園として庶民にも開放されることが決まった。毎週、月曜日と木曜日は王室が使用し、他の日は一般に公開するという具合だ。その大温室は、当時東洋最大のものであった。

なお、この動植物園は戦後も維持され、長い間、ソウル市民の憩いの場であったが、１９８３年に公開が中止され、幕を閉じた。現在は、併合前の姿に復元されている。

慶《けい》熙《き》宮《きゅう》の場合は、主に学校として使用された。１９１０年に日本に併合されると、正殿である崇政殿や会祥殿、興政殿などは売却され、代わりに京城中学校が建設された。戦後はソウル高等学校となったが、１９８４年に移転し、現在は美術館と博物館が建っている。

こうしてみると、確かに、日本が韓国の宮殿を破壊したことは否定できない事実だ。しかし、あくまで近代的な制度導入が目的であり、韓国で言われるような過激な目的があったわけではないことも、忘れないでもらいたい。

私はなにも、近代化がすばらしいと言いたいわけではない。日本は国内でも、近代化の過程で城をたくさん壊してきた。私の故郷の東北地方も見てほしい。福島城は廃城令によって取り壊され、それ以降は陸軍鎮台分営が設置された。現在は県庁や警察署となり面影は一切ない。

感情的に納得がいかないというのは理解できる。だが、当時は現在と違って、文化財保護という概念が定着していなかった。そうした時代背景も含めて、冷静に考える必要があるのではないだろうか。

5・両班などの身分階級はどうなった?

●宇垣一成の朝鮮感

6代総督宇垣一成《うがきかずしげ》は、朝鮮は「官尊民卑の国」とし、朝鮮人民が無気力になっている原因を両班《ヤンバン》にあると言い切っている。

宇垣いわく、両班が民衆を搾取するために、学問を学んだ者は犯罪者として貶め、財産をつくった者からはそれを奪うといったことを数百年続けた結果、国民は家族を守るために学も学ばず財産もつくらないようになり、無為に日々を過ごすようになった、という。

偏見がかなり含まれているが、当時、国内外の為政者の中には、両班に対してこのような認識をもつ者が少なくなかった。それに、両班を頂点とした身分秩序が朝鮮の近代化を遅らせたのは、確かに事実である。

商行為を蔑む両班は、欧米から資本主義が入ってきてもそれを忌み、改革に消極的だった。もちろん、列強の力を目の当たりにして改革に苦心する者も少なくなかったのだが、意見の違いで団結できず、日本やロシアに介入されて、政策が中途半端に終わることが多かった。

では、日韓併合後にそうした身分秩序はどうなったのだろうか？　結論から言えば、総督府は身分改革に着手し、李朝時代の身分秩序解体に成功する。しかし、これで万々歳、というわけではなかった。総督府がはっきり意識していたかはともかく、改革は矛盾に満ちたものとなる。その実態を、一から説明しよう。

碁を打つ両班

●併合前の身分制度

併合前の朝鮮は、王族以下、両班・中人・良民・賤民に身分が分かれていた。

両班とは、簡単に言えば国王に仕える官僚層のことだ。高麗時代に始まり、李朝時代に確立されたと言われている。地租以外の徴税、兵役、賦役を免除され、刑罰も減免されるなど、他の身分にはない特権を持っていた。

もともとは、科挙試験の合格者や学識の高い者の一族が両班と呼ばれており、身分問わず誰でも両班になるチャンスがあった。だが、李朝時代が安定すると、受験資格が経済力のある者に限られてしまったため、世襲貴族同然となり身分が固定化されていった。

中国の士大夫や日本の士族層に似ている面もあるが、実態はかなり異なる。李氏朝鮮の治世下では、嫡子が優遇されて次男以降はその下に位置し、庶子に至っては両班の子であっても科挙の受験資格が限定されるなど、家族間の序列が厳格だった。同じ儒教国であっても、同父の子供間の地位を同列と考える中国とは大きく異なる。

この両班のもと、中央や地方の行政実務にあたったのが、中人《チュンイン》だ。郷吏と呼ばれた者も、ここに含んでいいだろう。知識階級に属したものの、出世の道は閉ざされており、両班からは蔑まれていた。

それでも、これらは支配者側の身分で、数の上では少数派だ。国民の過半数を占めたのは、良人《ヤンイン》とされる農民階級である。両班を頂点にした朝鮮社会では、良人の人権はないに等しく、両班からは常奴（サンノム）と蔑称で呼ばれて一切逆らうことができなかった。

この常民のさらに下の身分が、賤民《チョニン》と呼ばれた人たちだ。奴婢、商人、僧侶、巫女、白丁《ペクチョン》など、おもに商工業従事者が多くを占めている。奴婢は品物と同じように扱われ、売買が可能だった。いわば「モノ」とみなされていたため、所有者が奴婢を殺しても問題にならなかった。

ただし意外なことに、良民や賤民のなかには、富を蓄えて両班以上に豊かな暮らしをする者も少なくなかった。李朝が尊んだ朱子学は商業を卑しむ傾向にあったため、歴代国王は経済政策を採らず、両班も商行為を蔑んでいたのだが、それでもモノの売り買いをしなければ生きていけないということで、賤民がその役割を担っていた。それによって18世紀には、両班が金銭的理由から没落する一方、財を成した賤民層が台頭するということも起きたぐらいだ。商品作物の売買によって儲ける良民や賤民も出てきたため、両班のような地主になるケースも見られるようになった。

こうして富を手にした富農たちは、両班の地位を金で買った。その結果、多くの新両班が誕生することになる。当初は、権益を侵されると警戒した旧両班と対立したが、なぜか次第に結束して、非両班を差別するようになってしまう。

開国後に朝鮮を訪れた外国人旅行者からの評判も悪く、「平気で盗む」「金を払わない」「働くこと、体を動かして汗をかくことを恥ずべきことと考えている」など、あまり良くない記録

甲申政変を起こした金玉均（左）と洪英植（右）

ばかりが目立つ。宇垣の朝鮮人観は、こうした朝鮮の歴史や外国人による朝鮮観を踏まえているのだろう。

●李朝による近代改革のゆくえ

それでも、支配層である以上、開国後も両班による政策が行われた。現在の韓国では、「「甲申《こうしん》政変」と「甲午《こうご》改革」で身分制度が廃止され両班がいなくなった」とし、自国政権が身分制度を廃止した」ことにしたいようだが、それは無理がある。ただし、その動きはあった。

外国勢力の急激な進出に危機感を抱いた一部の両班は、先に近代化に着手した日本を頼ろうと考えた。そのリーダーが、日本への留学経験がある金玉均《キムオッキュン》だ。１８８４年、金は日本の協力のもと、甲申政変を実施。甲申政綱を作成して四民平等を宣言し、戸籍法を改正して賤民にも戸籍を与えようとした。しかし、金のクーデターは失敗し、改革は実現できなかった。

その10年後、今度は東学党の農民が、政府に常政改革案を提示した。「門閥を廃止して人民平等の権利をたて、能力によって役人を任命する」「すべての賤民の待遇を改善し白丁がかぶる傘をなくす」などがあったが、実施された形跡は見られない。

その後、日清戦争中に日本が発足させた金弘集《キムホンジプ》内閣も、身分制度廃止などを柱とする甲午改革を実施しようとしたが、親露派両班が強引な日本の手法に反発して失敗。またも実現できなかった。

●朝鮮総督府による身分改革と両班の取り込み

前述した宇垣の朝鮮感からもわかるように、日本の為政者は、両班がつくった身分秩序が統治の邪魔になると考えていた。そのため総督府が着手したのが、朝鮮半島の「門閥廃止」と「万民平等」だ。

併合直後の１９１０年、総督府は奴隷身分を明記していた旧戸籍法を廃止し、新戸籍制度を導入。今まで姓を持たなかった賤民に姓を許可し、学校に通うことも可能にした。私賤の売買も禁止されたが、すぐにはなくならず、しばらくは両班による売買が続いていたようだ。

そして制度上、身分階級が完全になくなるのは、１９２３年になった頃。戸籍制度が改正されて戸籍に旧身分の記入がなくなったことで、李朝時代の身分制度は、表面上は消失した。

このような差別的な身分制度を撤廃したことは、評価すべきことである。とはいえ、日本によって身分制度が解体されても、庶民は素直に喜べなかっただろう。なぜなら、朝鮮人は日本人から差別され、総督府が掲げる「一視同仁《いっしどうじん》」とは程遠い状態だったからである。

先ほどの宇垣の言葉を見ればわかるように、日本人が朝鮮人に抱く蔑視観は根強いものがあった。賃金、労働環境、教育環境など、日本人と朝鮮人の間にはあらゆる面で待遇に差があった。文化政治の時代に改善されるものの、官吏やそれに近い者が中心で、根本的な解決に至っていない。こうした差別が朝鮮人の不満の種となってくすぶり、後述する独立運動のような衝突を起こすに至るのである。

さらに、一部の両班が親日家となって支配者の側に回り、李朝時代と同じように庶民層を蔑んでいたため、本当の意味で平等が訪れたとは言えなかった。もちろん、すべて両班がそうだったわけではない。だが、現在、韓国で親日家に対する目が非常に厳しいことを考えると、こうした差別の記憶も影響していると言えるのかもしれない。

第2章

三・一独立運動の衝撃と総督府の対応

6・三・一独立運動はなぜ起きた？

●三・一独立運動

総督府の朝鮮統治を転換させるきっかけになった事件。それが1919年3月1日に起きた三・一独立運動だ。第一次世界大戦の最中の1918年1月、アメリカ大統領のウッドロウ・ウィルソンが提唱した「民族自決」に刺激を受けた朝鮮人によって、この運動は展開された。ウィルソンが提唱したのは白人のための民族自決であり、アジアやアフリカのことなど彼の頭になかったが、その意図とは裏腹に、日本留学中の朝鮮人学生に行動を起こさせることになる。

本項では、併合から10年を経た段階で独立運動が起こった背景を探り、さらには三・一独立運動に直面した日本の衝撃とそれに伴う政策転換について紹介したい。三・一独立運動は、計画的なものというよりは、さまざまな要素が重なったことで突発的に起きたものだ。だからこそ、当局者にとってこの運動は寝耳に水であり、その後に柔軟な対応を促すきっかけになった。その過程を見てみよう。

●海外の朝鮮人たちの動き

1919年初頭は、朝鮮の民族感情を刺激する出来事が相次いで起きていた。先述したウィルソンによる民族自決の提言もそうだが、1月21日、大韓帝国時代の皇帝高宗が突如死亡したことも、その一つ。ハーグ密使事件で退位させられた元皇帝の死は、儒教精神の浸透していた朝鮮人の民族感情を強く刺激した。

折しも、朝鮮では李王家の世子李垠と、日本の皇族梨本宮正子との結婚話が持ち上がっており、高宗はそれに反対するために自殺したという説や、日本人によって毒殺されたという噂が流れるようになっていた。

高宗の葬儀の様子

そんな中、日本留学中の朝鮮人学生が、ウィルソンの民族自決に刺激を受けて独立の決起集会を開いた。これが、三・一独立運動の直接のきっかけとなる。留学生たちは、東京神田の朝鮮基督教青年会館で決起集会を開いて、文学者の李光洙《イグァンス》が「独立要求書」を起草。独立宣言文を朗読したのち、日本政府に提出しようと話し合った。

学生たちは逮捕されたが、このことが朝鮮本土に伝わると、独立を訴えようとしていた朝鮮内外のキリスト教系団体も行動に移った。「東学党」を受け継ぐ天道教《てんどうきょう》の教主は、有名作家の崔南善《チェナムソン》に独立宣言書の作成を依頼。2月27日までに宗教界の代表者33人が署名を終えた。高宗の葬儀が3月3日と決まっていたため、代表者たちは3月1日に京城のパゴダ公園に集結し、独立宣言文を読み上げることを計画していた。

しかしこの計画が実行されることはなく、宗教指導者たちは、集合場所を公園から近くの料理店に変更。特別室で独立宣言文を読み上げると、その後、女将に電話をかけさせて自首してしまった。

無責任な話だが、それでも独立を求める声は収まらなかった。翌日から、学生を中心に独立万歳をさけぶ「万歳デモ」が行われるようになる。3月3日が葬儀の前日ということもあり、万歳デモは全国に広がっていった。

宗教指導者たちは非暴力・無抵抗主義をとったものの、商人や労働者が憲兵と衝突すると暴動に発展し、殺人、破壊、放火が横行。村の事務所、憲兵事務所、地主の家など、日本の統治と関係のある場所が標的とされることが多かった。

総督府は憲兵警察だけでなく、軍隊を派遣して鎮圧したが、併合によって特権を失った両班や旧軍人たちも暴動に参加して規模が拡大しており、収拾はいっこうにつかない。暴徒と憲兵警察の衝突がエスカレートして発砲事件まで起き、日本人・朝鮮人の双方に被害者が続出した。

ソウルをデモ行進する女学生

3カ月後、総督府はやっとのことでこれを鎮圧したが、全国にまで波及した動きに、総督府は驚きを隠せなかった。併合から9年、大きな混乱もなく統治してきた総督府にとって、朝鮮人の間にここまで不満がたまっていたことは、想定外だったのだ。

総督府の発表によると、デモ参加者はのべ106万人、死亡者は553人、負傷者1409人。憲兵と警察官の死

三・一独立運動時に総督だった長谷川好道（左）と首相だった原敬（右）

者は8人で負傷者158人だったという。首相の原敬は、対外的な批判を懸念して問題を最小限に抑えるよう指示していたため、実態としてはさらに規模が大きかったとみていいだろう。

●原因はアメリカにある？

なお、先述したように日本は朝鮮の民族感情を過小評価していたため、当初は独立運動が自主的なものではなく、アメリカに原因があると考えていた。ウィルソンが民族自決を唱えたことに加え、アメリカ人宣教師が朝鮮人に独立を煽ったと考えていたのだ。

というのも、アメリカ人宣教師は朝鮮での布教に熱心で、朝鮮には信者の数が日本とは比べ物にならないほど多かった。過去には、逮捕した独立運動家の中に少なからずキリスト教徒がいたことで、日本当局者はアメリカと衝突したことがあった。そのため、キリスト教に対する不信感がいまだ根強かったのである。

実際には、宣教師たちのほとんどは三・一独立運動について知らなかったし、唯一知っていた宣教師も、成功の見込みがないからと止めるように忠告している。それなのに、平壌に暮らす宣教師は総督府に逮捕され、裁判のすえ罰金刑に処されている。こう疑いの目を向けられては、宣教師たちも納得できなかっただろう。

折しも、宣教師たちは日本による過激な鎮圧運動を目の当たりにしており、日本に変化を求める声を出そうという気運が高まっていた。そのため、宣教師たちは日本政府や総督府に独立運動後の善処を求め、本国にも事件のあらましを報告している。こうした宣教師による動きも、植民地統治の転換の一因だった。

三・一独立運動から5カ月後の8月、朝鮮総督府官制改正により、朝鮮総督に文官の就任が可能となった。元老山県有朋らの反対によって実現しなかったものの、脱陸軍を目指した原敬首相は、海軍の斎藤実《まこと》大将を総督に据えた。総督を補佐する政務総監には、斎藤の希望で水野錬太郎が就任。こうして武断政治は終わりを迎え、文化政治へと移行するのである。

7・文化政治とはなんだったのか？

●斎藤実の文化政治

三・一独立運動に直面し、既存の統治が通用しないことを痛感した総督府は、これまでの統治路線を大きく変化させた。

1919年9月、朝鮮へやってきた斎藤実新総督は、教師らの制服・帯剣義務の廃止、朝鮮人官吏の給与改善、憲兵警察制度の廃止と普通警察制度の発足、朝鮮語新聞の発行許可など、融和的な政策を相次いで実施。内地延長主義に基づき、日本との差異をなくすことに努めた。

なお、よく指摘されるように、憲兵警察制度に代わって普通警察制度が導入されたが、実際には警察力の強化も図っていた。警察官署数は736から2746へ、警察官の人数は、

6387人から2万134人へと増加。一府（市にあたる行政単位）に一警察署、一面（村にあたる行政単位）に一駐在所を配置して、治安の維持を図った。このような警察力の強化が、のちに展開される民族運動への対応に活用されたことは間違いない。

こうした総督府の対応を否定的にみる研究者は多いが、現実的に考えて、大規模な独立運動が起こった後に警察力を強化するのは、統治者の心理からすればさほど不思議なこととは思えない。

文化政治期の総督・斎藤実（左）と政務総監・水野錬太郎（右）

さて、これ以降、1927年12月から1928年8月までの山梨半造陸軍大将の総督期間を除いて、1931年6月まで斎藤は朝鮮総督の地位に就いた。この斎藤の統治期間が、いわゆる「文化政治」だ。斎藤が「文化の発達と民力の充実」を掲げたことから、こう呼ばれる。10年間に及ぶ文化政治の評価はまちまちだが、総督府がこれまで以上に朝鮮人の動向に気を向けるようになったことは確かだ。

それでは、具体的にどのような統治だったのだろうか？その特徴を探ってみよう。

●対日協力者の変化

さて、数々の融和策を打ち出した斎藤総督だが、急務だったのは、対日協力者を見つけることだった。武断政治時代の旧エリート層の協力を得ても、民衆の不満を抑えることはできなかった。それに代わる民衆の代表でなければならない。

そこで注目されたのが、近代化以降に勢力を伸ばしてきた旧郷吏層だ。

もともとは両班の出身母体だったが、中央には進出できず、地域に密着して地方行政の実務官僚となっていた。彼らは両班から下に見られていたものの、近代化以降は土地の所有権を確立して財をなし、地主として、企業家として農村社会に影響力を持つ者も出ていた。総督府は、こうした新興層を道や府、面の議会に参加させ、地域の実情を把握できるネットワークを形成したのである。

旧郷吏層からしても、総督府とパイプを持つことで朝鮮人の地位向上を直接訴えられるというメリットがあった。彼らは単発的な独立運動に頼るのではなく、長期的な視点に立って、生活の改善や朝鮮人による自治を実現しようとしたわけだ。

この他にも、李朝時代に活躍できなかった諸階層の協力を得て、総督府は統治を安定させていく。朝鮮の社会運動というと、「日本への抵抗」という価値観から語られることが多かったが、教育問題、女性の権利、労働者の待遇改善、衛生環境の整備など、民族性とは関係しない運動もこの時期には展開されていた。そしてそれらの運動は、総督府への抵抗ではなく、社会環境の改善要求や、民衆への啓蒙活動として展開され、植民地における近代化を推進するのに寄与していた。その結果、啓蒙化された民衆は、対話や取引といった手段を通じて総督府に接するようになる。

このように、両者の思惑は異なったものの、総督府は一方で独立運動や暴動に対処できるように警察機構を強化し、一方で対日協力者を地方政府レベルまで広げて統治の網を広げることをもって、治安の安定を図ろうとしたのである。

●御用新聞の役割

また、斎藤は1920年1月、『東亜日報』『朝鮮日報』『時事新報』という三つの新聞創刊を許可し、朝鮮人による言論をある程度認めていたが、その一方で御用新聞である『京城日報』へのテコ入れも忘れなかった。

前者三誌は朝鮮語新聞であるのに対し、『京城日報』は日本語新聞だった。つまり、読者層は在朝日本人だ。日本人向けに総督府の正当性を示し、朝鮮語新聞をけん制すること。それが

『京城日報』には求められたが、反発を受けないように自由度も確保しなければならなかった。

初代統監の伊藤博文の指示で創刊したということもあって、文化政治以前は機関新聞として総督府を肯定する記事ばかりだったが、斎藤が総督に就任すると社長も何度か代わり、朝鮮問題だけなく、国際問題や日本の政治に関する記事を載せるようになる。

特に、大正デモクラシーの影響を受けた副島道正《そえじまみちまさ》は、現実的な漸進主義改革の必要性を説いて穏健路線を目指すべきだと主張。当時としてはかなり自由な論調で持論を展開し、話題になった。

ただし、結果的に見れば、副島による方針転換はうまくいかなかった。日本人にも朝鮮人にも副島の穏健路線は浸透せず、融和的な方針は総督府内から非難されることもあった。そのため、副島は社長就任からわずか3年で辞任。社長交代後の1931年には総督府寄りの論調が顕著になり、同化政策を理想化する記事が多くなる。ちょうど、斎藤による統治が終わりを迎えた時期だった。

新総督となった山梨が汚職事件を起こして3年で総督の地位を追われ、ふたたび斎藤が総督となるが、『京城日報』は総督府支持の姿勢を変えなかった。むしろ、朝鮮語新聞への対抗意識から民族運動の過激化を警戒し、総督府の政策を支持する記事が増えていく。同時に、「国際的な支援を得られない朝鮮が独立できる可能性はない」と説き、むしろ日本のもとで民族の力を蓄るべきだと説いて、白人への対抗意識を煽った。

結果として、部数が安定的に伸びたことで総督府寄りの論調は定着することとなり、『京城日報』の姉妹紙で朝鮮語新聞の『毎日新報』とともに御用新聞としての機能を果たしていくことになったのだった。

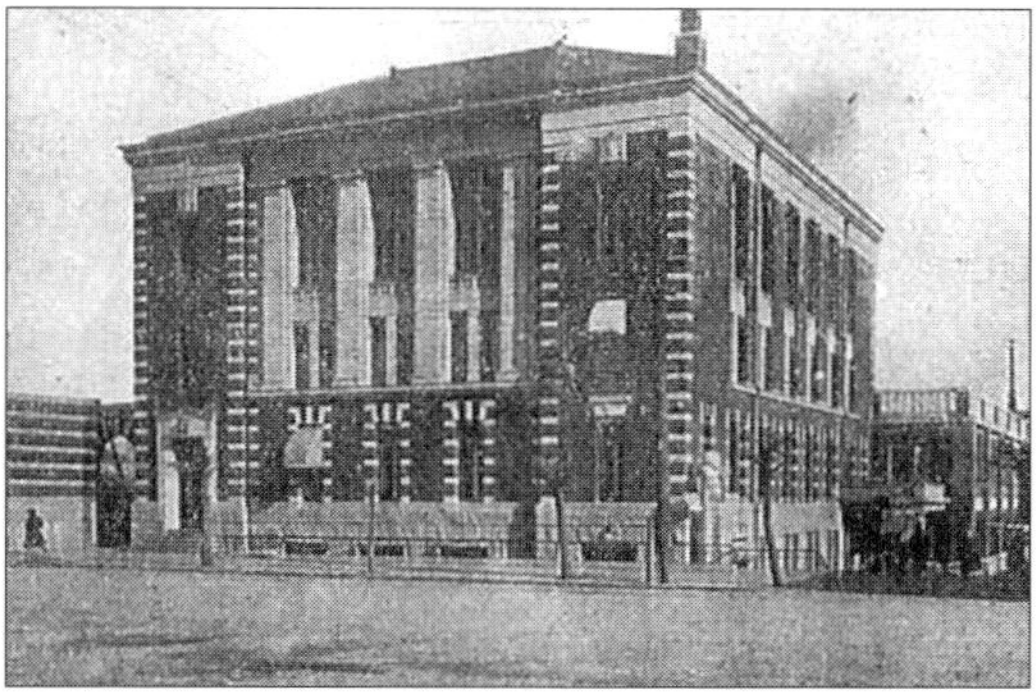

『京城日報』の社屋

●総督府のメディア対策

こうして総督府の宣伝機関としての地位を固めた『京城日報』だったが、これに対して朝鮮人が発行した『東亜日報』『朝鮮日報』は、否定的な論調を強めていった。現在も両紙は韓国を代表する新聞紙として知られており、その論調は民族主義的色彩が非常に濃いが、それは創刊時の姿勢を受け継いでいると言えるだろう。「総督府や日本政府の圧政はここまでひどい」といった論調を展開し、『東亜日報』は発行部数を伸ばしていった。

『東亜日報』の創刊許可を与えられた李相協。民族主義的な人物として知られた。『東亜日報』退社後は『朝鮮日報』の発行権を購入した。

しかし、総督府はこれら民族新聞紙を発行禁止にまではしなかった。『東亜日報』の場合、戦時統制下にあった１９４０年８月に廃刊されることになるが、それまでは当局から削除命令や販売禁止処分を受けながらも存続し、むしろ総督府の目を盗んで批判的な紙面を作ることはよくあったようだ（『東亜日報』の記者は１９４８年に出た本において、紙面から日本の旗を消すことはよくあったと述懐している）。

総督府からすれば、やろうと思えばいつでも発行禁止にすることはできたはずだが、それでも継続を許したのは、朝鮮人の不満を抑えるためだった。要は、不満のはけ口を民族新聞に代弁させたわけだ。

しかしそれ以上に注目すべきなのは、不満のはけ口を与えた一方で、総督府が民族主義者をとりこんで、民族主義の穏健化に努めたことだ。この流れは１９２０年代にはじまり、太平洋戦争が終わるまで続いていった。独立運動家だった李光洙や民族主義者の崔南善がその代表だ。１９３０年代には、『朝鮮日報』の主筆だった徐椿《ソチュン》、親日派雑誌『緑旗』で筆をとった李《イ》泳根《ヨングン》などがあげられる。

細かい主張の違いはあれど、彼らは日本と協力しながら朝鮮民族の力を蓄えるべきだという「実力養成論」を展開して、人的金銭的コストのかかる抵抗運動を戒めた。また、御用新聞で日本の改革を強調し、「日本による近代化」を肯定させようとしたことも、そうした流れに影響を与えたはずだ。つまり総督府も、出版・新聞によって、自分たちの正当性を広めようとしたのである。

簡単に言えば、文化政治という期間は、総督府にとっては民族主義の穏健化を目指した時期であり、朝鮮人からすれば、権利の拡大を目指す新興勢力と、独立を志向する勢力に分かれた時期だった。その結果、好むと好まざるとにかかわらず、総督府と朝鮮人の距離は近づいていったのである。

8・団結できなかった大韓民国臨時政府

●政治と民族主義

現在、韓国政府は、「三・一独立運動により建立された大韓民国臨時政府が歴史的正当性を継承している」と主張している。つまり、臨時政府は「朝鮮人による政府」として三・一独立運動が起きた1919年から独立運動を続け、日本に抵抗してきた、と言いたいわけだ。憲法の前文に記載され、教科書でも教えられてきた。

しかし、韓国の歴史学者で「臨時政府が朝鮮人の政府として歴史的正当性を継承している」と主張する人はほとんどいないという。いったいなぜか？　それはこの主張が、民族主義的価値観が強調されすぎて、歴史的事実から逸脱しているからである。

民族主義がことさら強調されてきたのは、朝鮮独立後の政治的な理由による。朝鮮半島が南北にわかれると、それぞれの指導者は「日本からの独立の旗手」だったことを統治の正当性に置いた。

それが史実の通りならいいのだが、問題は、両勢力ともが独裁政権で、都合のいいように自己の活動を誇張したことだ。

「われわれは、日本から独立を取り戻すために抵抗運動を展開した」

すなわち、独立後に韓国政府を率いた李承晩《イスンマン》は、「支配」と「抵抗」という二項対立論調で民族感情を煽ったのだ。

実際には、大韓民国臨時政府は海外で独立を目指しながらもまとまることができず、政府としての体《てい》をなしていなかった。また、李承晩と同じように、併合前から海外にわたり、朝鮮の独立を訴える人々もいたが、臨時政府との連携は不十分で、まとまりに欠けていた。

そうなると、小規模な独立運動は治安維持の名の下鎮圧されるというのがオチで、日本側の警戒を強める結果となりがちだった。特に、三・一独立運動後は、日本が朝鮮人協力者を増やして朝鮮内で独立の気運を戒めたため、海外の運動家は孤立する。頼りにしていた国際社会の態度も冷たく、条件が整っていたとはいえなかったのである。

では、なぜ海外の独立運動家たちはまとまることができなかったのだろうか？　その実態を見てみよう。

●臨時政府の樹立と内紛

大韓民国臨時政府がつくられたのは、1919年4月、上海のフランス租界においてである。三・一独立運動に刺激され、呂運亨《ヨウニョン》、金九《キムグ》らによって発足した。

金九は、日本での知名度は低いものの、安重根と並んで植民地支配に抵抗した義士として、韓国では知らない人はいない。若い頃には日本人商人に対して強盗殺人を起こし、その後もテロや暗殺を指揮するなど、過激な人物として知られる。金九のような武闘派は少ないが、民族主義的な色彩が強いことが、臨時政府の特徴である。

臨時政府の大統領には、李承晩が選ばれた。といっても、当時李承晩はアメリカに亡命していたから、臨時政府に合流するのは翌年の12月のことである。

この臨時政府樹立に先立って、朝鮮内では漢城政府が、満州やシベリアなどのロシア領では露領政府が発足している。前者はキリスト教系組織や学生が担い、後者は社会主義勢力が担った。臨時政府はこれら二つの政府を統合し、独立運動を展開していった。

当初は国内との連絡組織をつくって独立資金の募集、機関紙「独立新聞」の発行、国際会議への使節団の派遣などの活動を展開。日本もこの動きを察知しており、「仮政府」とみなして警戒していた。

しかし、寄り合い所帯の臨時政府は、次第に対立を深めていく。外交活動を重視する上海勢力と、武装闘争を重視する露領勢力は、意見が合わずに衝突することが少なくなかった。

大韓民国臨時政府の要人たち

また、中心人物だった李承晩の求心力低下も、それに拍車をかけた。

李承晩がアメリカで韓人自由大会を開催して臨時政府の樹立を宣言し、米国政府へ独立をアピールしていたときのことである。そのとき、李承晩は日本の支配下にあるよりはましだからと、ウィルソン大統領に国連による委任統治案を請願していたのだが、臨時政府合流後、これが独立運動家たちから猛烈な反発を受けることになる。李承晩が委任統治案を独断で出したことに、運動家たちは激怒したの

日本へのテロ活動を指示した金九

である。実現可能かどうかはさておき、運動家たちの多くは日本からの即時独立を目指していた。そのため、李承晩の態度は妥協的だとして、ことあるごとに非難するようになったのである。

しかも、李承晩が頼みの綱としたアメリカやイギリスは、日本との衝突を避けようと、こうした独立運動家と関わることに消極的だった。実際、李承晩による委任統治案にしても、アメリカからはほぼ無視されるような状態だった。

結局、対立をまとめることができなかった李承晩は、1925年に大統領弾劾案の可決により解任。アメリカへ渡った。これと時期を前後して、1923～1925年には、多くの運動家が仲間割れによって臨時政府を去った。これでは、政府として機能しているとは言い難い。臨時政府の弱体化は避けられなかった。

●中国国民党への接近

別項で紹介するように、臨時政府が弱体化したのちは、彼らと直接関係を持たない社会主義・共産主義勢力が独立運動の中心的存在となる。それでも、臨時政府も活動をなんとか継続させていた。

勢いを多少取り戻すのは、先述した金九が中心になってからである。金九によって、臨時政府は外交重視だった李承晩の方針から、テロ活動を中心とした武力運動に動いていく。昭和天皇暗殺未遂事件や、日本人首脳へのテロ行為などがそうだ。

こうした方針を戒めたのが、中国国民党の蔣介石《しょうかいせき》だ。1933年、金九は南京で蔣介石と面会し、テロではなく、軍隊を持つことを勧められた。

OSSと光復軍兵士

これ以降、臨時政府は国民党への依存を強めていく。1940年には、本部を国民党と同じ重慶に移し、9月には独自の軍隊である光復軍《こうふくぐん》を設立したが、当初の人数はわずか30人。しかも、「命令権は、中国軍事委員会が持ち、中国人将校が作戦権と人事権を持つ」という制約もあった。服には中華民国の軍隊である青天白日軍の徽章《きしょう》をつけさせられるなど、国民党の影響がもろに反映されていた。

その後、1945年3月には、CIAの前身であるOSSが工作活動に活用しようと光復軍に近づき、軍事訓練を施していたが、西安《せいあん》で特殊訓練の最中に終戦を向かえた。

結果的に、独立の動きはあったとはいえ、臨時政府が主体的に動く前に戦争が終わったことで、実績を残すことができなかった。しかも、アメリカやイギリスは最後まで朝鮮を独立国として認めなかったため、戦後の新政権は、支配の正当性が曖昧だった。

中国国民党にしても、臨時政府への支援は中国寄りの政権をつくるためだった。実際、1944年10月、駐英中国大使は中国外交部にあてた意見書において、朝鮮に臨時政府が樹立されたときは、外交・軍事・警察部門に中国人顧問をおくことを提案している。国民党の勢力伸長の意図がここからわかる。

とはいえ、共産党との対立で国民党は朝鮮の独立に口を出す余裕はなかったし、連合国の支持を得られなかったため、そのような戦後構想は実現しなかった。

こうしてみると、独立運動家たちは自分たちの主張にこだわりがちで、多様な意見を収束できるようなリーダーが欠けていたことがわかる。その結果、他国に頼って自立することができず、受け身の運動になりがちだった。もし、意見の違いを乗り越えて独立運動をまとめることができていたら、朝鮮にとっての近代は、違った歴史になっていたかもしれない。

9・第二の「三・一独立運動」失敗の理由

この項では、朝鮮半島全域を巻き込んだ三・一独立運動以降の民族運動がどう展開されたかを見ていきたい。

●社会運動の夜明け

実は独立運動後の1920年代、朝鮮半島ではさまざまな運動が繰り広げられていた。といっても、それは「独立を守るために総督府の支配に抵抗した」という類のものではない。朝鮮人知識人層による国民生活の向上運動が、展開されるようになっていた。

そうした社会運動が起こった背景として、治安が安定していたことを指摘できる。三・一独立運動の反省から総督府が文化政治に移行したことで、朝鮮半島は落ち着きを取り戻していた。折しも、併合から10年を経たことで、近代化の恩恵を受けて教育を修めた知識人と、そうでない人とで格差が出ていた。また、急速な都市化にともなって人々の生活水準は上昇していたため、恩恵にあずかれない人々を刺激していた。

日本の大正デモクラシーの影響も、無視できない。第一次世界大戦以降の日本では、労働運動、文学運動、女性解放運動などの社会運動が活発になっていたが、これらが時を経て、朝鮮にも伝播していったのだ。

その運動を担ったのが、新聞社、天道教、キリスト教、社会主義者を中心とした朝鮮の知識人たちである。彼らは総督府に代わって国民の生活を向上させようと啓蒙運動（生活改善運動）を展開した。

併合前と違うのは、朝鮮の知識人が自分たちの基盤である李朝時代の風習を否定し、根強く残っている迷信を打破しようと試みたことである。しかし結果から言えば、仲間割れや分裂などで、その多くが失敗してしまう。

では、国内の独立運動が完全になくなったのかといえば、そうでもなかった。啓蒙運動が活発に行われていた１９２６年、大韓帝国最後の皇帝純宗が死去すると、一部が第二の三・一独立運動を計画し、実行するのである。だが、それが全国に広がることはなかった。その背景も、本項では紹介したい。

●労働者・農民の運動

日韓併合時代、朝鮮半島の8割は農民だった。

どこの国にもいえることだが、農民は近代化から取り残される。併合から10年が経っても、農民の多くはいまだに王朝時代の髷を結い白衣を着ていた。それに、農村社会では、迷信が深く根を下ろし、近代的な時間概念や衛生観念も希薄であった。この傾向は、旧両班が治める保守的な農村では特に強かった。

総督府が、土地所有権の確立や税制導入などによって農村社会の近代化に努めていたことは前述したとおりだが、朝鮮人知識人の中からも、農村への啓蒙活動を展開する者が現れるようになる。一部の旧両班層や、李朝時代は地方官吏として土地に根付いていた旧郷吏層をはじめとする知識人が、李朝時代の旧慣を批判し、国民生活の近代化を目標に、農民を啓蒙していこうと試みたのだ。

その代表が、天道教とマスコミ関係者が中心となって創立した農民社だ。1925年10月に京城で発足した農民社は、勤勉節約や自力更生、迷信打破、科学普及などを農民講習会や農民読書会、農民夜学を主催して訴えた。これが1928年3月には農民啓蒙団体から農民運動団体へと転換し、全国組織を作り上げて新生農民社へとなる。その2年後、創立理事長が内紛で解任されると、以降は農民共生組合を組織。協同組合化を推進し、集団農場化を目指したが、法規制や資金不足がたたって成功したとは言いがたい。

●広がらなかった六・一〇運動

こうした教育を通して産業の発展をはかる生活改善運動に対し、反対する勢力が現れた。それが、社会主義者だ。彼らは、「教育運動はブルジョワ有産階級のみを利する運動だ」として攻撃してきたのだった。

社会主義と聞くと支持層は都市の下級労働者をイメージするかもしれないが、朝鮮の社会主義者は、労働争議や小作争議を支援することが多かった。そしてそれは、民族主義を刺激することにもなる。地主が日本人や親日家であることが多かったため、独立運動のような形はとらなかったものの、日本への不満が取りざたされることが少なくなかった。

また、朝鮮外ではソ連に刺激されて、社会主義革命を目指す勢力も現れた。それが、イルクーツク共産党と、高麗共産党だ。イルクーツク共産党は1918年にロシアにおいて、高麗共産党は1921年に上海で設立された。

と言っても、コミンテルンから承認を受けなければ共産党は名乗れないため、両者は合流する必要があったのだが、それも難航した。ソ連の影響が強いイルクーツク共産党に対し、高麗共産党は民族主義的色彩が濃く、意見が食い違うことが多かったのである。ここに朝鮮内の社会主義勢力も巻き込まれ、対立はさらに深まっていく。

モスクワで撮影された朝鮮をはじめとした共産主義者たち

それでも、1925年4月には、京城の中華料理店雅叙園で非合法団体朝鮮共産党が結成された。責任秘書にイルクーツク派の金在鳳が就任。ソ連のコミンテルンの承認も得ることができた。

しかし、結成わずか7カ月後の11月、当局に存在が見つかり、幹部が大量に検挙されてしまった。

その後は再建と検挙が繰り返されることになるが、1926年に契機が訪れる。4月25日、大韓帝国最後の皇

純宗の葬儀の様子

帝純宗が死去したことで朝鮮人の民族感情が刺激され、日本への抵抗を示そうという動きが見られるようになったのである。

総督府は、純宗の葬儀は国葬として行うことを決定し、その日を6月10日と定めた。三・一独立運動のトラウマがある総督府にとっては、何が何でも乗り切らなければならない事態だが、4月28日には斎藤実暗殺未遂事件が起きてしまった。当然、日本の警戒心は高まった。

共産党もこうした動きに呼応しようと、6月10日に独立運動を起こすことを計画。六・一〇闘争特別委員会を組織して6万枚のビラを印刷し、学生や天道教に呼びかけた。

しかし、その試みは総督府に察知されて失敗する。6月6日に大量の検挙者を出し、特別委員会は壊滅した。

その後の展開も、三・一独立運動ほどの広がりを見せなかった。純宗の葬儀が予定どおり行われると、学生が国葬参列者の前に出て「大韓独立万歳」と叫んで当局を慌てさせたが、厳重な警戒態勢を敷いていた当局は、その場で150名ほどの学生を逮捕。地方はおろか京城にもそれ以上独立を求める声が伝播することはなかった。

●運動家の懐柔

なぜ独立運動は失敗したのか？　それは三・一独立運動以降、総督府が治安維持のために警察の人員を大幅に増やし、さらには「7・文化政治とはなんだったのか」で紹介した通り、対日協力者づくりに取り組んでいたからだ。

たとえば1923年、独立運動の担い手だった李光洙《イグァンス》は、民族主義的な論調の『東亜日報』に日本による統治を擁護する記事を発表しているし、投獄されていたジャーナリスト崔南善《チェナムソン》は仮出獄が許されて、雑誌『東明』を発刊している。こうした親日的な知識人を、総督府は積極的に活用していたのである。

また、国外で活動した独立運動家のケースと同様、各勢力が団結できず意見がバラバラで、強い組織を作りあげることができなかったことも、要因の一つだ。

総督府も社会主義を警戒していたが、そもそもグループが小さかったため、大きな反乱には至らなかった。1929年には、日本人学生と朝鮮人学生の衝突をきっかけに、全国で5万人を超える学生が参加した光州《こうしゅう》学生事件が起きているが、ここでも、独立運動家たちは意見の違いで団結することができず、すばやく対応した総督府によって解散させられた。

なお、のちに朝鮮共産党は復活するが、1928年、「1国1党の原則」に基づき、コミンテルンから承認を取り消された。ただ実際には、派閥争いが絶えなかったことや、学生や独立運動家が主体となって労働者の参加が限定的だったことが、承認取り消しの原因だった。やはり、コミンテルンの目指す共産主義革命と、朝鮮の独立を目指す民族主義的な運動が相いれることはなかったようだ。

しかし、これで朝鮮の共産主義勢力が消失したわけではなかった。

朝鮮共産党が取り消されると、朝鮮や満州の共産主義者は、日本共産党か中国共産党に属することになる。これにより、朝鮮の共産主義者は満州において共産主義革命運動に従事することになり、中国共産党との連携を強めることになった。この関係が戦後、中華人民共和国と朝鮮民主主義人民共和国が成立した後も続いていくことになるのである。

10・満州を足掛かりとした独立運動

●満州の戦略的重要性

三・一独立運動以降、総督府と朝鮮人有力者の間である種の協力関係ができ、民衆の不安が抑えられて治安が安定するようになると、抵抗運動は下火となる。それでも、日本側の目が届きにくい海外では、日本への抵抗を続ける勢力もあった。中でも武力闘争の中心地となったのが、満州である。

歴史的に、満州には多くの朝鮮人が住んでおり、1909年の時点で朝鮮北部に近い間島《かんとう》には7万8000人の朝鮮人がいたと言われている。その後、産米増殖計画で土地を失った農民が流入するなどしてその数を増やし、1931年の在満朝鮮人は、70万人にまで増えていた。

この満州を拠点にした独立運動の特徴は、ソ連に影響を受けて共産主義的色彩が濃く、武力闘争が盛んだという点だ。ただ、なかには独立運動家というよりは、主張なき強盗まがいの者たちも、少なからず含まれていた。

ロシア革命以降、ソ連と国境を接する満州は、共産主義運動が盛んに行われるようになっていた。同じ頃、朝鮮では三・一独立運動が起き、民族感情が高まっていたこともあって、満州には多くの独立運動家が渡っていった。

前述したように、満州に渡った運動家の中には臨時政府のメンバーになる者もいたが、そうした動きとは合流せず、満州にとどまって武力闘争を続ける勢力もあった。その代表的な存在が、洪範図《ホンボムド》と金日成《キムイルソン》だ。

三・一独立運動後は臨時政府が設立されるが、両者ともそうした流れには合流せず、満州を拠点にゲリラ的な活動を展開していく。臨時政府が内紛で弱体化する中、恒常的に日本への攻撃を続けていたため、北朝鮮や韓国では、独立の英雄として評価されている。

しかし両者の活動は、日本への打撃にはなったものの、ゲリラ的な攻撃ばかりで独立運動としての訴求力はなかった。日本側からすれば、そうしたゲリラは治安維持の名のもとに鎮圧することが可能となる。そうした状況下において、満州における独立運動家たちは、どのようなる結末を迎えたのだろうか？

●普天堡襲撃

脚色が多いとはいえ、金日成が部隊を率いて日本に攻撃したことは事実である。

1931年、金日成は満州において共産党に入党すると、中国共産党下の「東北抗日連軍」に加わり、抗日パルチザン活動に従事する。

その金日成を有名にしたのが、普天堡《ふてんほ》襲撃事件だ。普天堡は、現在の北朝鮮領で咸鏡南道《かんきょうなんどう》甲山郡普天面保田里にある小さな村で、戸数308戸1383人が住んでいた。常駐警察官はたった5名ほど。ここを金日成率いる東北抗日連合師団約200名が襲撃した。1937年6月4日の夜22時ごろのことである。

東亞日報 號外

咸南普天堡를襲擊

郵便所、面所에衝火

昨夜 二百餘名이突然來

普校、消防署에도

咸南警察部에서出動

金一成一派

普天堡が襲撃されたことを報じる『東亜日報』の記事

翌日未明、恵山や好仁などから応援に駆け付けた警官との間で銃撃戦に発展。50名以上のゲリラ、10名以上の警官が命を落とし、多数の銃や弾薬が東北抗日連軍に奪われる結果となった。

被害者はほとんどが朝鮮人だったが、警察と衝突したことは関心を呼んだ。『東亜日報』が2度の号外を出したこともあり、6月5日には全国に知れ渡ることになる。この報道以降、金日成の名は一躍有名になり、朝鮮半島で知らない人はいないといっても過言ではなかった。

日本軍による掃討作戦で追い詰められ、「東北抗日連軍」は壊滅的な状態になったが、金日成はなんとか逃げ延びることができた。

しかし、度重なる日本軍の掃討作戦により、満州における抗日パルチザン勢力は壊滅。その年の9月、金日成は、6人の部下を連れてソ連領へと逃れていった。その後、中国共産党と連携を深め、日本の敗戦後は北朝鮮を建国することになる。

なお、金日成に関しては多くの伝説があるが、中でも金日成偽物説は有名だ。しかし最近、「金日成は本物である」という証拠らしきものが見つかった。中国共産党に入党したときの書

1945年10月、ソ連において国家行事に参加した金日成（左から2番目）

類が中国に保管されていて、北朝鮮側が記している金日成の生年月日や出身地と一致していたのだ。伝説が独り歩きした好例である。

●満州の居留民保護

洪範図《ホンボムド》は1920年6月、朝鮮北部の鳳梧洞《ポムオドン》で日本軍を奇襲したことで知られる。日本からは、「匪賊《ひぞく》」と呼ばれて警戒された人物だ。現在、韓国では独立運動家として知られているが、当時の日本人からすれば、略奪を繰り返す強盗にしか映らなかったようだ。

奇襲攻撃が起こる前年にも日本への攻撃を行っており、満州の居留民は財産や生命を脅かされるのではないかと懸念していた。貧しい農民層出身の在満朝鮮人に比べると、満州の日本人居留民は経済に豊かで、中国人や朝鮮人ゲリラによる強盗事件の対象になることがよくあったからだ。

そのため同年11月、洪らは居留民保護の名目で間島《かんとう》へ出兵した日本軍によって掃討され、壊滅的な被害を被害を受けた。そこで体制を立て直すべく、ソ連との国境地帯である蜜山《ミーシャン》府に集結。徐一《ソイル》を総裁とする大韓独立軍団を結成し、ソ連に身を寄せた。

しかし、臨時政府の場合と同じく、ソ連でも共産主義勢力の内部対立が問題となる。そこでは軍の指揮権をめぐって、ロシア派の自由大隊と、上海派の韓国義勇軍が争っていたのだ。

洪範図は仲裁するが失敗し、独立軍団は分裂。独立軍団の大部分は義勇軍に回ったが、ソ連赤軍の支持を得たのは、呉夏勲の自由大隊だった。結局両者はわかりあえず、武力衝突に発展。韓国義勇軍は数百人が戦死、９００人が捕虜になったという。

一方、洪範図は、目立った活動をすることなく沿海州で余生を送っていた。だが、沿海州の朝鮮人が日本軍と組むことを恐れたスターリンが、思わぬ行動に出た。この地に住む朝鮮族を、一人残らずカザフスタンへ強制移住させてしまうのだ。洪範図も一緒に連行され、連行先のカザフスタンで一生を終えることになった。

このように、国外の社会主義運動家は、独立運動を目指しながらも、ソ連や中国の協力がなければ積極的に活動することが難しく、ゲリラ的な攻撃しかできなかった。ただ、意見の違いで分裂した大韓民国臨時政府のメンバーや、略奪目的で日本人を攻撃していた満州周辺の匪賊と比べると、実態はどうあれ、金日成は「独立運動の英雄」として、国を治める大義を振りかざすことができた。だからこそ、目だった功績を挙げられなかった臨時政府のメンバーは、戦後に民族感情を煽って自分たちの運動を誇張し、政権の正統性を示そうとしたのである。

第3章

日本が実施した経済産業政策の功罪

11・貨幣経済確立と日本経済との同化

●朝鮮による貨幣制度確立の動き

この章では、日韓併合時代を経済的な側面から見ていきたい。

まずは、毎日の生活に欠かせないお金、つまりは貨幣制度について取り上げよう。

日韓併合以前から、日本は朝鮮経済に大きく関与していた。朝鮮は安全保障上の砦であると同時に、富国強兵を目指す日本にとって、格好のマーケットだったからだ。だからこそ、日本は朝鮮の貨幣制度の安定を望み、介入を強めるようになっていくのである。

とはいえ、日本の介入が強くなる前から、李朝でも近代的な貨幣制度を独自に確立する動きはあった。朝鮮が開国した当時、居留地では17世紀末に鋳造された常平通宝《じょうへいつうほう》という貨幣が使用されていた。しかし、１枚ごとの価値が低い割に悪貨が多かったため、本物かどうかを確認するのに時間がかかり、商取引に支障をきたしていた。近代以前、李朝で商業が軽視されていたことが影響して貨幣制度は未熟だったのだ。しかも、この貨幣は一般庶民には浸透せず、米や生地が貨幣の代わりを担うという物々交換が主流だったため、貨幣制度の確立は急務だった。

開港場として栄えた釜山港（『大日本帝国朝鮮写真帖』国会図書館所蔵）

だが、幕末の日本以上に外国人に敵対的な国である。近代的な経済システムに理解のある人材が多いはずがない。

１８６６年、大院君は景福宮を再建するために「当《とう》百銭《ひゃくせん》」を発行したが、大量に発行したために貨幣価値が暴落し、庶民の生活に大打撃を与えることになる。

その後に政権に就いた閔氏《びんし》も一族による腐敗政治を布いたため、国庫は空っぽで大した財政政策を実施することができなかったし、親日政権の金弘集《キムホンジプ》内閣も、貨幣制度の確立を目指しながらも、急速な近代化政策が両班を中心に受け入れられず、２年も経たずして失脚した。悪貨の流通や身内争い、世論の反対などで自主的な改革や列強支援の改革は失敗続きとなり、かえって国内経済を破綻寸前にまで追い込んでしまったのである。

●世界は金本位制

これによって朝鮮と交易をする諸外国は痛手を被ったが、日本もその例外ではなかった。日本は朝鮮開国時から、朝鮮国内に日本円の流通を認めさせるなど、経済的な権益の伸長をずっと狙っていた。後発資本主義国である日本にとって、欧米の資本主義が浸透しきっていない朝鮮半島は、発展中の自国産業にとって、なくてはならない輸出先だった。また、朝鮮半島には砂金や銅といった鉱山資源が豊富に眠っており、身近な資源輸入地として、非常に魅力的だった。

そうした経済活動を安定的に行うために、政府はまず、国内の貨幣体制を確立させることを目指した。明治政府が確立しようとしていた貨幣体制とは何か？　それは、欧米列強が採用していた金本位制だ。

金本位制とは、一国の通貨の価値を金によって裏付ける制度だ。金本位制のもとでは、紙幣を発行するためには、それに応じた金を国が保有する必要がある。すると、中央銀行は紙幣を発行するために一定量の金を保有しなければならないので、通貨の発行量は限られ、その価値が安定するというメリットが出てくる。金を仲介として各国との通貨比率（為替相場）が決まり、安定した貿易が可能となるのだ。

もちろん、金本位制を導入するには大量の金が必要となるため、資金がなければ実現できない。日本が金本位制を確立したのは、１８９７年になってからである。日清戦争の勝利によって得た賠償金を使い、朝鮮から大量の砂金を輸入するなどして金を準備したことで、なんとか実現することができた。

しかし、朝鮮ではなかなか貨幣制度が定まらなかった。

日本が金本位制を確立した頃、李朝はようやく銀本位制を目指したところだったが、財政破綻状態でその資金を集めることができない。１９０３年には中央銀行条例および兌換金券条例を発布し、中央銀行を設立して貨幣制度を整えようとしたが、ここでも資金難に直面した。日本をはじめとする列強諸国から借款が得られず、日露戦争直前までに予定資本の５％も集めることができなかったのである。外貨を得る手段が乏しかった朝鮮では、鉱山採掘権などの利権を列強諸国に売り渡していたが、それも底をついたようだ。

そこで日本政府は、朝鮮半島の経済的な権益を守るために、財政顧問の派遣を決めることになったのだった。

●目賀田種太郎の貨幣改革

財政顧問・目賀田種太郎

1904年、日露戦争が勃発すると、朝鮮半島でも戦闘が行われた。日本は半島からロシア兵を追い出すと、同地を事実上の日本占領下とする。このとき結ばれたのが、第一次日韓協約だ。これによって日本政府が推薦する財政が派遣されることになり、大蔵省主税局長目賀田種太郎《めがたたねたろう》が登場することになる。日本主導による朝鮮の財政改革の始まりである。

目賀田が最初に取り組んだのは、政府と宮内の財政を分けることだった。それまでは国王が自由に使える金があり、歳入が国王の個人資産なのか国家財産なのか、わからなかったからだ。

さらに目賀田は、事実上の中央銀行になっていた第一銀行に、貨幣価値が不安定な通貨を回収するよう指示を出した。度重なる乱鋳によって市場に流通していた悪貨を駆逐しようとしたのである。その目論見は成功し、朝鮮には近代的な貨幣制度が導入されるようになり、日本の貨幣制度とリンクするようになる。

ただし、この幣制改革には問題もあった。目賀田が回収を命じたのは、白銅貨《はくどうか》と葉銭《ようせん》の二つ。白銅貨は品質に応じて甲乙丙とランク分けされ、丙は没収されることになっていた。

悪貨が駆逐されるのは歓迎すべきことだが、問題は、この情報が事前に一部の日本人に知らされていたことだ。しかも、一般への知らせは官報30部、新聞３０００部が出回っただけで、それも発行と同時に施行されるという状況だった。その結果、一部の日本人が良貨を買い占め、知らずに悪貨を所有していた零細民を困窮させたのである。

さらに、甲ランクであっても乱鋳を理由にこれまでの半分の価値で回収したため、日本人・朝鮮人双方から非難の声が上がることになる。特に、一部の日本人が私鋳によって悪貨を流通させていたこともあり、朝鮮人は貨幣価値の低下に納得できなかったようだ。

そしてもう一点、そもそも日本の貨幣制度への編入に反対する声も、韓国政府内では根強かった。目賀田が駐朝公使に「日本の言う事が寸分朝鮮に通らぬ」と漏らしていたことからも、困惑していた様子が伝わってくる。

目賀田は朝鮮の貨幣制度の安定に貢献したが、それは必ずしも、朝鮮の当局者の望むところではなかった。日本による内政干渉が日に日に強くなっていたからこそ、韓国政府内では自立を奪われると危機感が先行し、目賀田の財政改革を素直に受け入れることができなかったのだろう。

12・日本のインフラ整備　鉄道篇

●日本が鉄道を敷設したのは大陸侵略のため？

韓国では、植民地時代に日本が実施した経済政策を、感情論から否定する意見がいまだに根強い。特にインフラ整備に関しては、軍事的側面が否定的に捉えられがちだ。

「日本は朝鮮から資源や食糧を収奪するためにインフラを整備した」

「鉄道をいちはやく導入したのは、大陸侵略の兵站基地にするための足掛かりだ」

確かに、鉄道は帝国主義の象徴的なインフラであり、軍事行動には欠かせない。日本本土においても全国を覆う鉄道網が早い段階で敷設されたし、朝鮮に限らず、日本は台湾、満州、樺太にも鉄道を敷設している。

ただ、鉄道は軍事面だけでなく、日本の経済政策とも密接に関係していた。以下で見ていくように、朝鮮における鉄道は経済の潤滑油として当初から企画されており、第一次世界大戦以降は、日本経済と朝鮮経済を繋ぐうえで、欠かせない要素となったのである。

総督府が運営した朝鮮総督府鉄道の蒸気機関車

●朝鮮マーケットをつなぐ

朝鮮における日本の経済政策の基本。それは、日本のマーケット化である。

前述したとおり、後発資本主義国である日本は、国際競争力の高い輸出品に乏しかった。江戸時代から生産されていた生糸は欧米で需要があったものの、勃興したばかりの紡績業はいまだ成長途上で、貿易総額は輸出額より輸入額のほうが上だった。

そこで注目されたのが、朝鮮の市場だ。開港時、日本はイギリスから輸入した綿布を朝鮮に輸出して利益を出していたことから、その市場価値に期待していた。居留地などに限定されていた市場を拡大すれば、さらなる利益を得ることができる。欧米列強に市場を荒らされる前に、日本が権益を確保しなければならない――。現地で商業活動をする日本人や経済力を高めたい日本政府がそう考えて投資を急いだのも、無理はなかった。

そこで日韓併合前から注目されていたのが、鉄道の敷設だ。鉄道のメリットは、何といっても人や物を大量かつ高速に輸送できる点にある。兵隊や軍事物資を載せれば軍事行動のサポートに、日本から輸入した綿布を載せれば商品の流通に活用できる。

そのため、鉄道網の整備は急ピッチで進められた。１８９９年には仁川《インチョン》―永登《ヨンドゥン》間が開通し、１９００年には京城―仁川間が、１９０５年１月には京城―釜山間が開通。他に軍用線として二路線が同年に開通している。その後、１９１３年に開通した京城―元山《ウォンサン》間は、開発の遅れていた朝鮮東北部の元山の発展を促し、その北部に位置する羅南においても、鉄道路線の整備が進められていった。

なお、レールの間隔を意味する狭軌《きょうき》は、軍部が提案した仕様ではなく、朝鮮鉄道の技師長が提案した世界基準の仕様をレールに採用している。「中国やヨーロッパを結ぶ路線たるべし」という考えに基づいた決定だった。こうしてみれば、その目的が軍事一辺倒ではなかったことがわかる。

とはいえ、経済都市を結んだといっても、この頃の朝鮮産業は発展段階で、さらにはもともと水運業が発達していたこともあって、朝鮮鉄道の投資に対する収益は非常に少なかった。

その収益率は、なんとたったの１％。１９１８年になっても３～４％で推移するなど、大赤字の状態だった。

京仁鉄道全通式の様子（『朝鮮鉄道史』国会図書館所蔵）

その後に貨物運賃の引き下げなどで収益率は上がっていくが、経済力が大きくなるのは第一次世界大戦まで待たなければならない。

なお、日本が手にした朝鮮の鉄道敷設権は、朝鮮から奪ったのではなく、ほとんどが外国から手に入れたものだった。

日清戦争で日本が勝利したことで、１８９７年に朝鮮は大韓帝国（以下韓国）として独立するが、建国当初から究極の資金難だった。

なぜ資金難になるほどの破綻状態だったかといえば、当時の国王高宗の妻閔妃による浪費が大きかったからに他ならない。

そこで高宗は、財源を確保するために、鉄道敷設権をはじめとするさまざまな利権を列強諸国に売り渡した。

そのうち、一番多くの特殊権益を獲得したのはロシアだ。高宗の妻閔妃がロシアを頼ったり、高宗自身が「露館播遷《ろかんはせん》」（ロシア公使館に避難し、そこから命令を下していた）をしていたこともあり、ロシアは朝鮮から数多くの利権を獲得していた。

例を挙げれば、鐘城の金鉱・石炭採掘権、豆満江《とうまんこう》・鴨緑江《おうりょっこう》・鬱陵島の森林伐採権、東海岸における捕鯨権、京釜鉄道（京城～釜山　409キロメートル）などである。

その他にも、アメリカは京仁鉄道（京城～仁川　36キロメートル）の敷設権、雲山金鉱採掘権、京城（ソウル）の電灯・電話・水道・電車の敷設権などを獲得し、フランスは、京義鉄道（京城～新義州　610キロメートル）敷設権と昌城金鉱採掘権を、イギリスは、海関管理権、殷山金鉱採掘権をそれぞれ獲得していた。

一方で、日本が持っていたのは、京畿道沿岸の漁業権と京元鉄道（京城～元山126キロメートル）の権利のみ。ここから諸外国と交渉を重ねたすえ、朝鮮の鉄道敷設権を集めることに成功した。当事者であったとしても、権利を金で売っていた韓国政府が口出しするのは、難

●朝鮮鉄道の運営データ

年代	平均営業キロ	運賃収入（千円）		従業員（人）
		旅客	貨物	
1910	1,055	2,350	2,062	6,861
1915	1,613	3,957	3,339	9,180
1920	1,859	12,668	12,308	12,148
1925	2,098	15,299	15,410	12,824
1930	2,771	17,590	18,816	16,439
1935	3,161	28,051	27,921	20,594

「植民地の鉄道と海運」（『岩波講座 近代日本と植民地３ 植民地化と産業化』）の「表１ 日本の植民地鉄道」より／出典は鮮交会『朝鮮交通史』本巻 185 ページ、資料編 54、58 ページ

しかったのである。

●経済発展と鉄道

第一次世界大戦以降、日本の好景気の影響を受けて、朝鮮経済も大きく成長することになる。三・一独立運動以降、総督府が経済の発展を重視していたこともあって、鉄道の普及、拡大は重点課題に位置づけられた。

その結果、１９２４年に生まれたのが、鉄道12年計画だ。12年間で５新線８６０マイルを建設し、５私鉄線を買収するという内容である。その投資額は３億２０００万円にも及ぶことになった。利便性の向上に加え、国境警備、資源開発もその目的だった。

また、鉄道には雇用を生み出すというメリットもあった。鉄道敷設のために建設業が必要になるし、維持するためにも多くの従業員が必要だった。実際、

１９１０年に６８６１人だった朝鮮鉄道の従業員数は、１９２０年には1万２１４８人、１９３０年には1万６４３９人と大きく増えている（「植民地の鉄道と海運」『岩波講座　近代日本と植民地３　植民地化と産業化』より）。

幹部クラスは日本人で占められていたが、興味深いことに、一般の従業員においても、なんと50％以上が日本人で占められていた。ここに日本の朝鮮支配の特徴が表れている。すなわち、日本人への雇用提供である。

第一次世界大戦が終わって日本が不景気になると、食い扶持を求めて朝鮮へ渡る人が増えていった。日本と比べて物価が安く、朝鮮赴任に伴う特別手当を払う企業があったことも影響しているだろう。１９２０年の段階ですでに約35万人の在朝日本人がいたが、１９３０年には約53万人にまで増加している。1年間で1万８０００人増のペースだ。そして後述するように、日本の重工業が進出したことで日本人の人口はさらに増え、朝鮮半島の経済は新しい段階に入るのである。

13・在朝日本人の経済活動

●チャンスを求めてやってきた日本人たち

外務省の調査によると、韓国には2017年時点で約3万8000人の日本人が暮らしているという。ビジネスのために滞在している人がほとんどのようだ。

アメリカ在住約42万人、中国在住約12万8000人と比べると決して多いとは言えない数字だが、戦前はこの両国に負けないほどの日本人が、朝鮮半島には住んでいた。

その数は、終戦時点でなんと75万人以上。これは、台湾や満州の倍以上の数字である。これだけ多くの日本人が朝鮮半島に渡ったのはなぜなのだろう？

アメリカや満州の場合は、困窮した農民が食い扶持を求めて集団で移住するケースが多かった。土地を耕し、農地を経営して生活基盤を築いた人々だ。

それに対して朝鮮半島には、当時からビジネスのために移住する人が多かった。農民の移住も奨励されたものの、人件費が安いため、わざわざ朝鮮で農業をしようと思う日本人は少なかったようだ。朝鮮で成功したのは、貿易や不動産業、金融業などのビジネスマンたちで、なかには一獲千金を目指してやってきた者も少なくなかった。

こうした名もなき人々が朝鮮半島に与えた影響は、無視できないほど大きい。

在朝日本人の経済活動の多くは、日本政府や総督府が推進しようとした政策と関係していた。総督府が鉄道を造ろうとすれば、日本本土から募集された労働者がやってきたし、工場にも日本人が多く雇用された。それは本章の冒頭でも述べたように、朝鮮半島は後進資本主義国である日本にとって格好のマーケットであり、国内の余剰人口を移出できる労働市場でもあったからである。

在朝日本人は、朝鮮半島にどのような影響を与えたのか？　順を追って見ていこう。

●在朝日本人の増加

前述したように、開国当初から朝鮮半島へ日本人が押し寄せたわけではなかった。一部の商人が経済活動に従事していたものの、渡航者が急増するのは、日清日露戦争で日本が勝利し、朝鮮半島への影響力を強めてからである。

日本人商人にとって最大のライバルだったのは、清国人商人だ。当初は日本がシェアを圧倒していたが、1890年代から清国人商人の進出が顕著になり、京城では兼業が多かった日本人商人よりも、規模の大きい清国人綿製品業者のほうが存在感を示していたようだ。仁川でも中国産の綿製品が市場を席巻するようになり、日本人商人としては、なんとかその勢いを削ぎたいところだった。

そんなときに起きたのが、日清戦争だ。戦争を避けようと日本へ帰国する人が多かった一方、一部の日本人商人は、清国人商人の勢いを削ごうと日本軍への協力を惜しまなかった。宿舎の提供、通訳、物資調達、通貨の用意など、その活動は幅広い。

こうして清国人商人は後退することになり、日本人商人は朝鮮における経済活動を有利に進めるようになる。そして日露戦争の頃には、敷設中だった鉄道の権益を守ろうと、商人をはじめとした居留民が日本軍の命令のもと食糧支援に回り、木材や紙の供給にも一役買った。

こうして、戦争を通じてライバル商人を追い出し、軍需が急増したことで、朝鮮内の貿易商は規模の拡大に成功。経営を安定化させていった。それに伴い増えたのが、日本人労働者だ。

釜山の魚市場（『大日本帝国朝鮮写真帖』国会図書館所蔵）

彼らの多くは貧しい農民で、チャンスをつかもうとして朝鮮半島へ渡っていった。折しも、朝鮮半島では商館の建設や鉄道の敷設などで建築需要が高まりをみせ、大量の人出が必要だった。その結果、はじめは54人しかいなかった日本人は、１９００年には1万５０００人を超え、日韓併合の時点で約17万人にまで増えるに至ったのである。

●貿易港釜山と仁川が果たした役割

前述した通り、日本にとって朝鮮半島は、綿織物の移出先として貴重なマーケットであり、それと同時に、米の供給基地という食料政策上の重要地域でもあった。貿易業者はこれらの商品の輸出入で財をなし、日本人居留民のコミュニティを形成していく。そうした日本人コミュニティの中心地となったのが、釜山と仁川だ。

両都市とも在朝日本人の商業活動の中心地となったが、特に釜山は、江戸時代に対馬藩と交易を行っていたこともあり、日本とのつながりは深い。開港前は小さな漁村に過ぎなかったが、１８７６年、日本選管の居留地として開港されると、釜山には多くの日本人商人が移り住み、年々その数を増していった。日韓併合時には2万人を超える日本人が暮らし、貿易総額は１５００万円にまで達していた。

1930年代の釜山のビーチ

釜山がここまで巨大になったのには、もちろん理由がある。それは、釜山が日本と朝鮮を結ぶ中継地点に位置付けられたからだ。

１９０５年に京城と釜山を結ぶ京釜鉄道が開通し、さらには釜山と下関を結ぶ海路が整備されたことで、釜山の地位は飛躍的に向上していく。日本から朝鮮へ渡る人の多くが京釜鉄道を利用するようになり、物流拠点として確固たる地位を築いたのである。１９３５年の釜山の貿易額は朝鮮全土の27％に及び、１９４４年には45％にまで拡大していた。

なお、釜山は現在、韓国有数のビーチとして人気があるが、実はそのルーツは日本統治時代にあった。当時から釜山は観光業も盛んで、特にビーチは人気だったのだ。

一方の仁川は、釜山のようにとんとん拍子で発展できたわけではなかった。

当初は開港場として多くの日本人が住んでいたが、他国の居留地も設けられていたことから、日本以外の外国勢、特に清国人商人の規模が大きかった。日清戦争後に日本人商人が勢いを取り戻したが、20世紀に入ると京仁線が開通し、これまで船で7、8時間、陸路で一日かかっていた京城・仁川間の行程が１００分足らずになってしまったため、貿易港としては勢いを失っていった。

しかし仁川は、釜山にはないメリットがあった。それは、京城から約40キロという好立地にあったことだ。その結果、釜山が日本と京城を結ぶハブ都市として発展した一方、仁川は京城と一体となって工業都市圏を形成することができた。貿易業だけでなく、精米業や紡績業などの軽工業を中心に、仁川は工業都市として発達していく。その結果、仁川には多くの工場が立ち並び、京城の衛星都市としてなくてはならない存在となったのである。

●経済活動を通じた日本人コミュニティの形成

このように、在朝日本人の経済活動の背景には、日本の官公庁のバックアップがあった。日韓併合前から居留地には領事館の業務を行う理事庁が置かれており、各居留地において、居留民の組織化に貢献していた（併合後に理事長は廃止され、各行政機関に機能を譲渡）。

それに伴い、官吏の数が増えていくが、その傾向が顕著だったのが、京城だ。

京城では、１９１１年の段階で、官吏は２１３４人に及び、京城の日本人のなかで一番多い職業だった。２位の商店員が１４７８人だったことを鑑みると、いかに行政都市としての性格が強いかがわかる。

政府としては、日本人が定着して住んでくれればそれだけ権益が増すことになるから、商人に保護を与えることは理にかなっていた。学校の建設や道路の整備、上下水道の完備などのインフラ政策が実現したのも、そうした事情による。

こうして在朝日本人は、朝鮮と日本の経済をつなぐ役割を果たし、さらには安定したコミュニティを形成することで、日本の朝鮮における基盤を確かなものとすることに貢献した。

しかし一方で、経済とは別の問題も内在するようになる。

日本人コミュニティは独立した自治を行っていたため、朝鮮人社会との接触が希薄で、同じ土地に住んでいても、互いが無関心であることが多かった。それはつまり、同化を掲げていた総督府の方針が、居留民の間に浸透していなかったことを意味している。

もちろん、植民地統治では、宗主国と被宗主国の人々が別のコミュニティを作ることはよくあった。ただ、同化を説いた総督府がそれを黙認したことは、意味が異なってくる。後述するように、総督府は同化を説いて朝鮮人から統治上の協力を得ながら、日本人と朝鮮人との間の差異を完全にはなくさなかった。この矛盾が戦争を期に表面化し、日本の統治の問題点が明らかになっていくのである。

14・日本のインフラ整備　工業地帯形成篇

●八田與一と野口遵

いきなりだが、八田與一《はったよいち》と野口遵《のぐちしたがう》という人物をご存知だろうか。二人とも日本の植民地でのダム建設に尽力を尽くした人だ。しかし、現地での扱いは天と地ほどの差がある。

台湾総督の土木技師だった八田與一は、台湾南部嘉義《かぎ》から台南までに広がる嘉南《かなん》平野に烏山《うさん》頭《とう》ダムと数多くの給水路を建設し、15万ヘクタールもの土地を大農業地帯に変えた。その結果、約100万人の農家を支えたと言われている。

現在でも、八田の功績は台湾の教科書で紹介されているため、台湾で一番有名な日本人と言っても過言ではない。烏三頭ダムのすぐそばには、八田與一の銅像と墓が建っており、八田

朝鮮に重工業を持ち込んだ野口遵

の命日の5月8日には、慰霊祭が毎年行われている。

一方、野口遵は、現在の北朝鮮領の赴戦江《ふせんこう》や長津江《ちょうしんこう》などにダムや水力発電所を建設した実業家だ。日本窒素肥料、通称日窒《にっちつ》を経営した新興財閥で、朝鮮の電力事業に絶大な影響を及ぼしたことで知られる。

中でも、野口が建造を指揮した水豊《すいほう》ダムは出力70万キロワットで当時東洋一のダムと言われ、建設時から話題になっていた。水豊ダムは本格稼働する前に終戦を迎えたが、その他の施設で用意した電力と工業用水をもとに、日窒は貧しい漁村だった興南地区を世界有数の工業地帯へと変化させている。

しかし、韓国と北朝鮮で野口の功績が語られることはない。そればかりか韓国では、野口が朝鮮半島から水力資源を搾取し、日本政府や朝鮮総督府の手先になって悪をなしたかのように扱っている。

興南地区に進出した朝鮮窒素肥料が朝鮮農業の発展に貢献したことは事実なのだが、韓国では一切無視。これも、日本憎しという感情論が先行して経済的意味を軽視してきた弊害である。

野口率いる企業家たちが朝鮮半島の工業の基盤づくりに貢献したことは、疑いようもない事実だ。しかもそれは、工業投資が限定的だった総督府の穴を埋める役割を果たした。結果として、１９２０年代前半から１９３０年代にかけて、朝鮮経済は著しい成長を遂げることができたのである。そうした全体像を、以下で見ていこう。

●工業立地論

私は、現役の社会科教諭であり、教科を通じて「工業立地論」を毎年高校生に指導している。「なぜ、ここに工場が立地するのか」を生徒と共に考えるのだ。そこには必ず理由がある。

では、なぜ朝鮮半島に多くの会社が進出したのか？　結論から言ってしまえば、工業立地論で説明ができる。

「工業立地論」とは、１９０９年にドイツの社会学者アルフレッド・ウェーバーが発表した理論である。「原料産地と市場の位置関係を考え、輸送費や労働費などの生産にかかる費用が最も節約できる地点に工場を建てるのが一番良い」とするものだ。

たとえば鉄鋼業の場合、工場は石炭産地のそばに造られた。１トンの鉄を製造するには、鉄鉱石の倍以上の石炭が必要となる。そうなると、鉄鉱石を石炭産地の近くへ運んだほうが、輸送費は安上がりだ。これを原材料指向型という。

日本でも、明治後半から大正期に都市圏が形成され、貿易産業や軍需産業はそれに適した立地を形成するようになる。実際に、工業立地論の発表前から日本では、合理性を考えて工場を建設していた。1902年に開業した八幡製鉄所がその例だ。

当時、日本で石炭が採れたのは北海道、九州、常磐のみ。九州の石炭（筑豊炭田や三池炭田など）と中国の鉄鉱石を結びつける必要性から、北九州の八幡に建設するのがベストの選択だった。1931年に京都大学教授の菊田太郎氏が「ウェーバーの工業立地論」についての論文を発表しているから、少なくともこの頃には、理論的な裏付けがある程度知られていたと考えていいだろう。

話を朝鮮に戻そう。現在の北朝鮮では、石炭と石灰石が豊富に採れる。石炭や石灰石を原料とする日窒にとって、同地は商売のチャンスだった。つまり、野口が朝鮮に進出したのは、自分たちの利益を上げるための条件がそろっていたからである。政府や軍と結託して大陸を侵略しようとしていたと考えるのは、結論から都合よく解釈して過程を考え出していると言わざるを得ない。

●会社令撤廃

イギリスのマンチェスターで興った産業革命に遅れること約100年。日本でも1880年後半以降、会社設立がブームとなって機械技術の導入が起こり、産業革命が始まった。日露戦争後、重工業部門の進展によって産業革命を達成し、工業化への動きが加速していく。

日韓併合時、朝鮮人経営の会社はわずか21社のみ。いち早く資本主義化した日本の工場に太刀打ちできるはずがない。倒産や吸収合併が時間の問題となる。そこで朝鮮総督府は、日本の会社から乗っ取られないように「会社令」を出した。以前は会社令によって朝鮮の会社が活動を制限されていたと考えられていたが、実際には、総督府の許可を義務付けて会社や工場の設立を制限することで、朝鮮半島の会社を守っていたようだ。

本土の企業から反発が大きくなったことで1920年には撤廃されたが、裏を返せば、この時期には朝鮮の企業がそれなりの力をつけていたことを意味する。

ただ、会社法撤廃によって朝鮮半島に渡った日本企業は、百戦錬磨を勝ち抜いた大企業ばかり。日窒を皮切りに、セメント業界からは小野田セメント工場（三井財閥系）、朝鮮セメント（宇部興産系）。鉄鋼業界からは、日本製鉄所、三菱工業製鉄所。製紙業界からは、王子製紙。そうそうたる顔ぶれだ。これらはいずれも原料指向型工業で、北朝鮮で石炭・石灰石・木材が豊富に採れたことから進出したと考えられる。

一方、現在の韓国にあたる南部には、こうした燃料系の資源が乏しかったことから、重化学工業が進出することはなかった。進出したのは、キリンビールなどの飲料水メーカーや、カネボウをはじめとする紡績業界だ。

ビールの原料は水なので、東アジアなら環境が安定していればどこでも手に入る。なので、輸送費を考え大都市近郊に造られる。これを市場指向型という。紡績業界は、安くて豊富な労働力を求めることから大都市周辺に建設される。これを労働力指向型という。よって、ソウルや釜山に数多く建設された。

こうした日本企業の進出によって、朝鮮経済の規模は格段に大きくなっていったのだ。

●興南工業地帯

話を野口遵に戻そう。

いかに立地が良くても、電力が供給できなければ工業は成り立たない。朝鮮での事業は、発電事業から取り掛かることになった。

野口は、1926年に赴戦江で水力発電所を建設。発電事業が軌道に乗った頃、朝鮮窒素肥

朝鮮窒素肥料の興南工場

料株式会社を１９２８年に設立し、興南の地を大工業地帯へと変えていく。

日窒コンツェルンにとっては、熊本県水俣市、宮崎県延岡市に続いて3番目の企業城下町だった。

興南地区は延岡市をモデルに造られたと言われており、工業地帯には、社宅や病院などの福利施設も数多く存在。社宅は社員・準社員・傭員・工員・独身とで分けられていた。共同浴場が設けられ、社員宅になると風呂が設置されていたという。わずか１２０～１３０件ほどの漁村は、たちまち2万人を超える企業城下町となったのだった。

しかし、近代化の流れの中で、過酷な労働環境に置かれた人々がいたことも、忘れてはならない。

たとえば韓国の教科書には、釜山紡績工場の実態が紹介されている。「農村から集められた15～20歳の女性は、暗い工場で、厳しい監視の中、長時間労働をさせられた。また食事も粗末であり栄養状態が悪く倒れる人が多数いた」と。

また、日窒は興南道の工場に日本から監督者を派遣したが、仕込み杖を持ちながら労働者である朝鮮人・中国人を管理するといった具合で、さらには他の工場でも労働環境が劣悪だったことが、その場を目撃した日本人によって明らかにされている。日本国内の紡績工場や炭鉱で働く労働者と同じように、朝鮮でも下級労働者は厳しい環境に置かれていたのである。

また、同じ労働者でも、日本人と朝鮮人の間には格差があった。日本人労働者は朝鮮手当をもらうことができ、社宅は別々の地区にあって、設備や間取りに差があった。終戦間際は標高が高い位置にあった日本人地区の方が悪臭や空気汚染に悩まされていたというが、これでおあいこだと楽観視すべきではない。のちに朝鮮では、資本家の打倒を目指す社会主義と民族感情が結びついて、日本への抵抗が展開されることになるからだ。

重工業の導入という、日本独自の方針が朝鮮の工業化に影響を与え、朝鮮半島の電力供給に貢献したものの、厳しい労働環境労働環境労働者の不満をくすぶらせることにもなったのである。

15・不況の打開策と経済圏の再編

●世界恐慌勃発

１９２９年に勃発し、世界経済に深刻な打撃を与えた世界恐慌。日本では、米価が暴落したことに加え、輸出産業の柱だった生糸が貿易不振に陥ったため、貧しい小作農が多かった農村は、深刻な被害を被った。

そしてこの不況の波は、朝鮮半島にも波及した。日本同様、土地を持たない小作農が多かった朝鮮では、日本へ移出する米の価格が下落したことで、農民の生活が困窮。１９３３年の『大阪毎日新聞』の記事いわく、「四、五月のいわゆる春窮期には、草の芽を摘み、木の根を掘り、木の皮を剥ぎ、アカシアの花をとってやっと生命をつないでいる」というありさまだった。

不況時に朝鮮総督に赴任した宇垣一成。内戦融和と朝鮮人の生活改善を掲げた。

　この窮状に対処すべく朝鮮総督に赴任したのが、陸軍の大物宇垣一成《うがきかずしげ》である。

　陸軍大臣として軍縮に関わったことから、宇垣は政治的手腕を評価され、この頃には陸軍で一大勢力を築いていた。部下からの支持も厚く、総督に就任する３カ月前の１９３１年３月には、中堅将校が宇垣を首相にしたクーデターを起こそうとしていたほど。陸軍首脳の人事にも影響力を持ち、その政治的影響力は計り知れなかった。

　その宇垣が総督就任に先立って、昭和天皇に拝謁したときのことである。宇垣は総督としての政策の中心事項として、内鮮融和の強化と朝鮮人の生活改善の二つを挙げた。宇垣いわく、「朝鮮の富が増加した割に、朝鮮人の富が増加していない」。

　この認識は正しかった。前述したように、朝鮮では一獲千金を狙った日本人経営の会社が多く、朝鮮人資本は数こそ増えてはいたものの、力はいまだ弱かった。

　農村においても、「17・土地の近代化と米の増進」で紹介するように、１９２０年に実施された産米増殖計画によって米の生産量は向上したが、農民は小作料や肥料費、組合への手数料といった経費の支払いに追われ、実利は大きいとは言えなかった。

こうした現状を踏まえて、宇垣は農村人口のはけ口をつくることを重視した。その政策の柱が、朝鮮の工業化である。折しも、朝鮮では水力資源や地下資源が豊富にあるということで、日本企業の進出が増えつつあった。これを総督府が後押しして、朝鮮の工業化を推進しようとしたのである。

実際、１９３０年代になると朝鮮の工業は飛躍的に成長する。総督府の統計によると、１９３０年に2億８０９６円だった工業生産額は、１９３５年には6億７４７円と、たった5年で倍増するに至っている。１９４０年には18億円を超え、朝鮮の主力産業である農業の19億円に迫る勢いだった。

ただ、朝鮮経済は工業化を遂げた一方、これまで以上に日本への依存を深めることになる。そうした経済依存は、日本にとってどのような意味を持っていたのだろうか？

●電力事業への注力

宇垣が工業化政策のために特に力を注いだ分野。それは電力事業である。

宇垣が注目する前から、朝鮮北部では民間資本によって電力事業の開発が進められていた。

1937 年 8 月に建設が始まった水豊ダム。貯水面積は、琵琶湖の半分に相当する。1944 年に竣工したが、本格的に稼働する前に終戦を迎えた。

前述した日窒は、その代表だ。日窒は、１９２５年から総督府より水利権を得てダムを建設し、電源の開発を着々と進めていた。この流れを、宇垣は促進しようとしたのである。

１９３１年、総督府によって電力計画が発表され、電力消費量の８０％を工業用に配分することが企図された。むろん、日本の巨大企業を誘致するためである。さらには日本で施行されていた重要産業統制法と工場法を適用外として、民間企業が自由に経営できるように便宜を図っている。

こうして緩和策によって、宇垣は日本企業の誘致に成功した。その宇垣が特に力を入れたのは、北部の鴨緑江の開発だ。日窒、総督府、満州国との共通事業として７つのダムが建設されることが決まり、その発電量は、それまで日窒が鴨緑江で確保していた量の倍以上。本格的に稼働しなかったものの、水豊発電所は、人造湖としては世界第２位の規模を誇った。

こうして総督府の後押しを受けながら、重工業は成長を続けた。工業に占める軽工業と重工業の生産額の割合は、１９３１年に軽工業が62％、重工業が25・６％だったのに対し、１９３９年には軽工業44・１％、重工業45・６％へと比率が逆転。

都市部における人口も着実に増加し、１９２０年には58万人だった都市人口は、１９３５年に１６１万人にまで増加している。総督府が目指した工業化政策は、功を奏したと言っていい。

●不況時代の経済圏構想

ただし、総督府が工業を重視したのは、職にあぶれた農民を工場労働者として移転するためだけではない。むしろ、総督府が目指したのは、世界恐慌後を生き抜くための経済圏の再編である。

世界恐慌後によって景気が低迷すると、各国は貿易を制限して、独自の経済圏を形成するようになっていた。高い関税を課して他国を締め出し、植民地との貿易で経済を立て直そうとしたイギリスは、そのいい例だ。

では日本はどのように経済を立て直そうとしたのだろうか？　実は日本の場合、金本位制をやめたことで円の価値が下落していたため、輸出産業が活況を呈し、不況からいち早く脱却していた。また、満州事変の影響で軍需が拡大していたこともあって、重工業が飛躍的に成長しており、１９３３年には軽工業を上回る規模にまで成長していた。

こうした産業構造の変化に伴い、日本は植民地とともに分業体制を構築するようになる。日本本土は重工業を、朝鮮半島には軽工業を、といった具合だ。つまり、日本や朝鮮で生産した工業製品を、満州や関東州といった日本の勢力圏へ輸出することで、日本は経済力を蓄えようとしたのである。

企業からすれば、朝鮮半島は中国市場に近く、鉄道網も整備されている。また、人件費が安く、日窒のおかげで電力を安く使えるため、投資を拡大する価値は十分あった。

こうして、朝鮮半島には日本資本の投資が拡大するようになり、朝鮮工業は日本工業との依存を強めるようになった。中小企業においても、朝鮮人経営の会社は増加傾向にあったものの、日本人経営の会社と拮抗し、産業的には自立していなかった。

その結果、どうなったのか？　朝鮮では企業精神が育たず、農村の過密な人口を解消するという宇垣の目的は、根本的には解決することができなかったのである。

第4章

総督府が導入した諸制度の意味

16・日本語が普及しなかったのはなぜか？

●併合前後の教育制度

前述したように、総督府は同化政策を基軸に据えていた。それは、教育制度においても変わらない。むしろ、朝鮮が日本の一部になった以上、同化のために日本語の使用を積極化させるのは当然だと考えられ、日本語教育は非常に重視されていた。

にもかかわらず、日中戦争に近い１９３０年代後半までは、朝鮮では日本語は総督府が思った以上に普及しなかった。日常的には朝鮮語が使われ続け、総督府が対策を講じても、なかなか事態は改善しない。それはつまり、教育を通じた同化政策が、うまくいっていなかったということだ。いったいなぜなのだろうか？

朝鮮で近代的な教育制度が導入されたのは、1894年のことである。日本の後ろ盾で組閣した金弘集内閣によって「学務衙門《がもん》」が設置され、1895年には教育に関する法令が次々と発布された。その際、日本語は小学校高等科の選択科目として登場するが、この頃は依然として朝鮮語がメインであった。

1905年に日本の保護国となると、学校現場でも日本語教育の機会が増えるが、それに反発する動きも強くなる。知識人が教育の必要性を訴えると、これに呼応する動きが広まって、朝鮮人によって私立学校が設置されるようになるのである。その数は、認可校だけでも2250校に及んだ。農村では儒教に基づく教育がいまだ主流で、全国的な影響力はなかったものの、警戒した統監府と李完用内閣は私立学校令と学会令を出してこれらを取り締まった。

総合すると、日本の影響力が増していたとはいえ、併合前の同化政策は、まだまだ下準備の段階だったと言えるだろう。

●日韓併合後の教育

日本語教育の強化が本格化するのは、日韓併合後の1911年だ。8月、総督府は朝鮮教育令を発布し、普通学校（4年修学）、高等普通学校（4年修学）、女子高等普通学校（3年修

師範学校の授業風景（『大日本帝国朝鮮写真帖』国会図書館所蔵）

学）、普通学校の卒業生が通う実業学校（2〜3年修学）を基本とする学制を定めた。教科は国語（日本語）、算数、歴史、終身などである。

この朝鮮教育令によって、「忠良ナル国民ヲ育成スルコト」が決まり、さらには日本語教育を通じて徳育を施し、日本人としての性格を養成することも目指された。そのため、学校教育の現場では日本語を使って授業することが決まったのである。

だが、実際には、日本語だけで授業をしたわけではなかった。というより、できなかった。保護国時代に日本語教育が実施されていたとはいえ、いきなり今日から日本語で授業をすると言われて、どれだけの学生が理解できただろうか。朝鮮内外の教育関係者からも疑問が出ており、どの言語を使うかは、学校や教師によってまちまちだった。

それに、教科書で使う言語に関しては、朝鮮語読本だけは漢字交じりのハングルが使用されていた。ただし、帝国臣民の育成という観点から、教科書は総督府が編纂したものか、検閲を通ったものかに限られてはいたが。

なお、ここまで紹介した方針は、官立学校だけでなく、私立学校にも適用された。私立学校令は順次改正されて当局の管理が強化され、独自の教科課程は禁じられた。

●日本語が普及しなかったのはなぜか？

総督府の施策によって、併合当時は100校程度しかなかった公立小学校は、1936年には「1村1校」を達成するに至った。終戦間際には5000校を突破したという。

しかし不思議なことに、教育が普及したにもかかわらず、1930年代になっても日本語はそこまで普及しなかった。日本の統治時代に教育を受けた年配層には、今でも流暢な日本語を話せる人もいるが、1934年の朝鮮全体の日本語普及率（仮名とハングルの読み書きができる者）は男女間でも差がかなりあった。全体としては、日本語を話せる朝鮮人は2割にも満たなかったのである。

その背景には、もともとの教育水準が低かったことが挙げられるだろう。李朝時代に教育の機会を与えられなかった人が多かったため、文盲率は90％にも及び、学校現場を離れれば、日本語よりも昔から使われていた朝鮮語のほうがなお主流だった。1920年代においても、学校現場では生徒の実情を勘案して朝鮮語が使われていたのは、そうした事情による。男女格差が大きかったのは、李朝時代は女子教育の機会がなかったからで、いまだに女子の進学率が低かったことによる。

また、学生たちが日常社会で接する日本語環境がよくなかったことも、関係しているだろう。学生たちが学校外で聞く日本語は、「キサマ」「チクショウ」「馬鹿ヤロ」といった類のもので、決して品のいいものではなかった。

では、エリート層である官庁の朝鮮人職員はどうか。当然、彼らは日本語の読み書きができたが、朝鮮人同士の会話では、朝鮮語を使うことがよくあったようだ。上官である日本人官吏も朝鮮人が朝鮮語を使うことを、そこまで厳しく取り締まってはいなかったようだ。

こうしてみると、総督府は日本語が国語として使われるように腐心してはいたものの、日本語使用が全般的に強制されたわけではなく、ある程度は黙認されていたことがわかる。

●ハングルの普及と禁止

同じ時期、文化政治期に入って規制が緩和される中で、ハングルの普及運動も展開されていく。李朝時代、ハングルは漢字に劣る文字として使用が禁じられていたが、近代になると福沢諭吉ら日本人の協力で朝鮮でも徐々に認知されるようになり、研究団体も設立されていた。それらの団体は、武断政治期には活動が禁止されていたが、文化政治期には再び民間で朝鮮語研究が行われるようになる。その代表が朝鮮語学会である。

朝鮮語学会は、新聞社や学会主催で講演会を行いながら、朝鮮語辞典編纂、朝鮮語規範化に関する法律制定などに貢献した団体だ。教育を受けていない層に向けて、ハングルを普及させることに努めた。それに、授業時間が減っていくとはいえ、学校でも朝鮮語の授業はあったため、子どもたちは教育を通じてハングルを身につけることが可能だった。

しかし、こうした状況は、義兵運動が沈静化し、時代が平和になっていたという背景も関係しているだろう。日中戦争がはじまり、朝鮮でも内鮮一体が強調されるようになると、教育制度も変容を遂げ、朝鮮語学習の機会は失われていく。１９３８年４月には朝鮮教育令が改定されて朝鮮語科目は廃止。１９４２年５月には、朝鮮語

福沢諭吉の弟子でハングルの普及に努めた井上角五郎。右は、井上が出したハングル漢字混文の週刊新聞『漢城周報』（国会図書館所蔵）

学会の会員が独立運動を展開していたと濡れ衣を着せられて逮捕される、朝鮮語学会事件が起きた。当初は朝鮮語使用を続ける学校もあったが、総督府が介入の度合いを強めると、方針を変える学校は増えていった。

また、１９３７年には官庁や学校における日本語使用の徹底が総督府から通達されるようになり、総督府主催の日本語講習会が開かれたりしている。それでも、都市部で多少は日本語が普及したようだが、朝鮮全土で日常会話レベルの日本語が使われるような状況は、まだまだ期待できない水準だった。

なお、１９４７年に義務教育制度を導入して、日本語教育の強化、同化の推進を図るという計画もあったが、結局は終戦を迎えて実現しなかった。

17・土地の近代化と米の増殖

●農業近代化の功罪

引き続き、総督府による朝鮮統治の実態を見ていきたい。本項では教育制度に並んで代表的な、農林制度を取り上げる。

近代朝鮮の歴史は、米を抜きにして語ることはできない。日本では農村人口が全人口の大半を占めていたが、それは朝鮮も同じで、7〜8割が農業を生業にしていた。総督府の政策によって、国民の大半を占める人々はどのような労働水準になったのか？　この疑問を解明することで、当時の庶民の生活を知ることができるはずだ。

そしてもう1点、農業政策は朝鮮人だけでなく、本土の日本人にも大きく影響を与えていたことも指摘したい。実は、朝鮮でつくられた米の大半は、日本へもたらされていた。その政策がどのような影響を与えたのか？　順に見ていこう。

●総督府による土地調査

日韓併合直後の1910年3月、総督府は土地調査事業に着手した。この事業の目的は、朝鮮の人口と産業、土地の位置、所有関係を調査し、公平な課税をして正確に税金を徴収することだ。要は、近代的な土地制度の導入である。

「日本は李朝による自主的近代化の芽を奪った」という意見があるが、それは李朝の改革を過大評価している。実際には、李朝時代は一度も全国規模の土地調査が行われず、郡守側には土地の権利を証明する資料がほとんどなかった。重税に苦しんだ農民が土地から逃げ出し、跡地は好き勝手に売買されていたため、近代化に欠かせない土地の所有者や面積、開墾状況などが、分かっていなかったのである。

作業は難航したが、総督府は金と時間をかけてこの事業を継続した。費やした金額は約2000万円、現在の貨幣価値に換算すると約1兆円にものぼり、期間は8年10カ月に及んだ。

こうした苦労を経て土地の所有者が確定し、禁止されていた土地売買も自由化された。これにより、朝鮮半島の農業は近代的な土地制度に組み込まれていくことになる。

なお、李朝時代の国有地と所有者がはっきりしない土地は日本の国有地として接収されたが、これをもって「総督府は強盗だ」というのは乱暴である。持主不在の土地は、どこの国でも国有地として扱われる。「土地の40％が日本によって収奪された」という非難もあるが、資料の裏付けや確かな根拠のない数字だ。実際には、国有地は土地の３％程度に過ぎなかった。

土地調査中の職員（『朝鮮土地調査事業報告書追録』国会図書館所蔵）

●総督府による農業指導

土地の実態調査を通じて、総督府は農村社会を管理する基盤をつくった。税金を徴収して地方行政を導入することができるようになったわけだ。

こうした土地の近代化を受けて、１９２０年代には産業増殖計画が実施されることになる。きっかけは、１９１８年に日本で起きた米騒動である。

第一次世界大戦が勃発してヨーロッパが戦場になると、

戦火から離れた日本は船舶を中心に輸出が伸長し、都市は好景気に沸いた。しかし、好景気に伴って物価は上昇し、さらにはシベリア出兵用に政府が米を買い占めたことで、米の価値は急上昇。大戦前と比べて、なんと米価は4倍になっていた。

現在は米離れが進んでいるが、当時の食の中心はなんといっても米や穀物。日本国内だけでは消費量を賄えず、国外から大量に米を輸入していた。米価高騰によって工場労働者や農民が困窮したのは言うまでもない。

そんな中、富山県で米価安売りの要求が起こると、これが商家や米屋への攻撃といった暴動に発展し、瞬く間に全国へと波及。2カ月後、政府は警察や軍隊を導入してやっと鎮圧することができたが、治安維持のために米価の安定が急務なのは明らかだった。

そこで白羽の矢が立ったのが、朝鮮半島だ。併合前から、朝鮮の日本向け輸出は米が主力品だった。米は台湾からも日本へ供給されていたが、同地の主要輸出品はあくまで砂糖。一方で、朝鮮の輸出品の割合は、米が少ない時期でも4割以上を占め、その他の穀物を含めれば8割以上が日本へと輸出されることもあった。

しかし、問題は朝鮮農業が不安定だったことだ。米が輸出品でありながら、農地開発の度合いは地域によってバラバラで、特に北部には、灌漑施設が未熟な地域が多かった。併合当初においても、水田の80%が雨水に依存しており、溜池やダム、貯水池がほとんどなかったのだ。当然、収穫は安定せず天任せになる。

そこで１９２６年、「産米増殖計画」が施行されることになる。灌漑設備の改良、肥料改良、冷害に強い種子の品種改良、農機具の改良など、農業全般にわたる改革がなされ、近代化が図られた。

農業改良は、日本の得意分野である。

江戸時代、日本では竜骨車や踏車などの灌漑具、干鰯や〆粕などの金肥、備中鍬や千歯扱などの農具が開発されていた他、品種改良や灌漑の技術が飛躍的に進歩していた。明治になると、科学的知識を背景に農業技術を進歩させることに成功しており、この分野ではアジアトップクラスの技術を誇っていた。

日本の統治を受けることになって、朝鮮はそれらの農業技術が使えることになったわけだ。

１９３３年より導入された「亀の尾」は、耐冷性に優れていたこともあり、生産が増大。併合当時１９１０年の生産高１０００石の2倍以上の２０００石にまで増加した。

また、防水、灌漑、水力発電を兼ね備えた貯水池を、朝鮮半島全土に設置させた。その結果、70パーセントの水田が灌漑化され、天任せの農業から脱却することに成功。水利の整備や土地

朝鮮の農村（『朝鮮土地調査事業報告書追録』国会図書館所蔵）

改良が進められた結果、朝鮮では米の生産が安定して行えるようになった。

このような改良を経て朝鮮から日本に移出された米は「朝鮮米」と呼ばれ、その高い品質が評判を呼んだ。特に大阪では、米消費量の70％を占めるほどの人気ぶり。需要は増加し、朝鮮の米が次々と日本へもたらされるまでになったのである。

●計画の不備

ただし、だからといって農民が豊かになったわけではないことも、指摘しなければならない。

三・一独立運動に多くの農民が参加していたことを鑑み、農民の生活を向上させて、統治を安定させることも、産米増殖計画の目的として掲げられていた。

それ自体はいいのだが、総督府主導の計画は不況の影響で予定通りに進まず頓挫。日本の民間会社が資金を負担することになるのだが、農民は水利組合に組織されて組合費の負担を余儀なくされる。米が安くたたかれたこともあり、困窮して土地を手放す者も増えていった。

もちろん、土地改良事業によって米の栽培面積や収穫量は増加し、朝鮮の農業規模を拡大させたのは事実である。しかし問題は、こうした米が日本への移出用だったということにある。1919年には年間7斗三升四合だった朝鮮人の米の消費量は、1933年には四斗一升二号にまで減少。代わって日本や満州から輸入した粟を消費するようになる。

つまり、植民地時代を通じて朝鮮の米作は近代化を果たし、生産性を向上させた一方、肝心の朝鮮人がその恩恵を受けることができなかったのである。

それでも反乱が起きなかったのは、困窮した農民が満州やロシア周辺、間島地方などへ逃げたからだが、それよりも注目すべきなのは、総督府が朝鮮人地主層を味方につけたことである。

土地の集中の結果、日本企業を中心に土地の集積が進むことになるのだが、中人層をはじめとした一部の朝鮮人地主も、不動産を拡大させることに成功している。こうした地主たちが、李朝時代には得られなかった富を得たことで親日家へと転身したのである。良くも悪くも、土地改良と治安の安定という目的はある程度達成されたと言えるだろう。

18・衛生・医療制度を介した規律化

●衛生・医療を通じた近代化の意味

朝鮮の医療は、長い間、中国の影響を受けていたこともあり、漢方医療が中心だ。しかし、中国書物の中には迷信やまじないのようなものも多く、疫病が発生した場合、防ぐことができずに多数の死者を出していた。

そうした衛生環境を改善しようと、李朝は日韓併合前から改革に着手していた。その結果、都市衛生の改善には成功したが、農村規模の伝染病までは防ぐことはできず、コレラや赤痢に悩まされていた。日韓併合後、総督府も衛生政策を展開するものの、結果は芳しくなかった。

いったいなぜか？　それは衛生制度が、人的・金銭的理由から、農村に暮らす庶民の間にまで浸透することができなかったからだ。

そもそも農民たちは、近代的な医療を受けられるだけの環境に恵まれていなかった。朝鮮人エリートも総督府も、その点を十分に理解できていなかった。これによって人口の8割を占める農民は近代医療制度から疎外されることになり、日本の統治に影響を与えることになる。

朝鮮において近代医療の中心となった朝鮮総督府医院（『朝鮮：写真帖』国会図書館所蔵）

近代国家において、衛生面や医療の充実は経済活動を活発化させたり、強い軍隊を維持したり、ひいては国家の発展のためにも欠かせない重要事項である。

しかしここで注目すべきなのは、医療は人々に「近代」を意識させ、自己規律化を促す面があることだ。

近代化は、人間に内面的な影響も与える。近代的な規範を身につけた人間は、その規範から逸脱しないよう、自分を律しようとする。つまり為政者からすれば、近代的な人間は、ある程度コントロール可能でありながら、自分で考え行動する危険性も秘めているというわけだ。

日本が朝鮮の近代化を目指した以上、朝鮮人にはこうした内面的な影響も、当然現れたはずである。

ただし、植民地支配という制約があったことで、朝鮮においては近代的な価値観の成長が限定的だったのも事実。それは総督府からすれば、「何を起こすかわからない民衆」という、不安要素を抱えることでもあった。

●李朝時代の衛生

李朝時代の衛生に関しては、朝鮮半島全域を旅したイギリス人旅行家イザベラ・バードの『三十年前の朝鮮』『朝鮮紀行』で詳しく知ることができる。

当初は「下水は不備で汚水だらけ」「井戸水は飲料に不適」「排泄物やゴミによる悪臭」と漢城の不衛生ぶりを描写しているが、李朝による改革が進むと、その評価は一変。「不潔さでならぶもののなかったソウルは、いまや極東でいちばん清潔な都市に変わろうとしている！」と、その改革が成果を収めたことを窺わせる。

それでも、全国規模の衛生政策はいまだ実施されず、李朝は開国によって流入した伝染病の流行に頭を悩ませていた。「天然痘」や「コレラ」「腸チフス」等がたびたび流行し、その都度死者が続出。農村社会では西洋医学はほとんど普及しておらず、漢方療法、迷信による民間医療、巫

朝鮮に初めて天然痘のワクチンを持ち込んだ池錫永（チ・ソクヨン）。京城医学専門学校（右）の校長となり、近代医療の普及に努めた。

女による祈祷が一般的だったからだ。

●総督府による衛生指導

総督府は農民の意識を変えるため、衛生環境の整備に取り掛かる。それにはまず、病院の設置が欠かせない。総督府は官公立病院の設置を推進したが、それ以上に、日本人を対象にしたと思われる私立病院の設立が相次いだ。もちろん経営者も日本人だったが、朝鮮人経営の病院も少数ながら存在した。

こうした病院の設立と合わせて、医師養成機関である京城帝国大学医学部や京城医学専門学校も設置。順調に医師数は増加し続け、医者の少ない僻地でも、「現地開業医」と呼ばれる地域・期間限定の医師が巡回診療を行うようになる。また、各道に公衆衛生メインの医師を配置し、衛生や医療の巡回講和も実施した。これらに加え、当面は漢方医である医生のほか、薬種商にも注射接種などの医療行為をさせることが決まる。体制は、万全のはずだった。

しかし、実際に農村に浸透したのは、西洋医学を学んだ医師ではなく、旧来の医生だった。医師が都市部に集中して農村で不足していたという事情もあるが、その後に官公立病院が農村部に増えても、医生は重要な機関であり続けた。

病院に行くのは金銭的に余裕のある富農か日本人ばかりで、貧しい農民には手が出なかった。中には医生のもとにも行けない貧農もいたようだ。総督府は巡回診療をしたり、無料で治療を施したりもしていたが、それも限定的なものだった。それに、言語の壁があって、教育の機会に恵まれなかった層にとって、病院はとっつきにくかった。

こうして、近代医療が導入されながらも、農民の利用率は思うように上がらず、農村では依然として西洋医学の知識に乏しい医生の影響が強かった。農民は「近代性」を実体験できなかったわけだが、近代的な知識自体は、総督府による「防疫事業」によって広まることになる。

●衛生思想の普及

防疫事業とは、伝染病の防止を目的に実施された事業のことである。

伝染病は、人の命を奪いかねない。流行すれば不安が広がり、秩序が安定しなくなる。

そこで総督府は、防疫事業を展開して、患者の早期発見を目指した。この際、調査役として精力的に活動したのが、警察官である。医師による届け出や他人申告なども活用されたが、戸別調査をしながら人海戦術で感染者を探した警察官の方が、成果を挙げていた。

伝染病流行時には病院数が足りずに治療ができないことがままあり、抜本的な解決には至っていないが、ここで注目すべきなのは、こうした防疫事業と並行して、衛生思想の普及活動が行われたことだ。農民たちは、警察官から疫病について説明を受けたり、予防対策を目撃したりしたことで、科学的な予防知識を身につけるようになる。

時を同じくして、地方政府や民間団体も、農村において講演会を開き、衛生思想の普及活動に着手。地方政府は村落レベルで井戸やトイレの改修、掃除の紹介などを継続的に行い、科学的知識の定着を図ろうとした。こうした防疫事業を通じて、人々は規律性を獲得することになったのである。

しかし、病院体験の不足、警察官への反発、個人を超えた村落レベルの結合は、グループ間の連携を促すようになる。１９２０年以降、農民層の社会運動参加が増えた背景には、こうした規律化が少なからず影響を与えていたと考えていいだろう。

19・創氏改名による日本の家制度導入

●政令十九号および二十号

「創氏改名」は、日中戦争の最中の1940年2月11日に実施された。
これによって、朝鮮人の名前が日本風に「改姓改名」させられた、と思われることが多いが、それは誤解だ。

1939年に総督府から出された政令十九号および二十号によると、本籍を朝鮮に有する朝鮮人に対し、新たに「氏」を創設させ、また「名」を改めることを許可する、としている。氏の創設自体は強制だが、姓を変更する必要はなかったし、名前の変更は任意だった。

この制度が導入されるまで、日本は同化を掲げながらも、実質的には朝鮮人と日本人の差異化を図って朝鮮を統治してきた。その政策を変えるような制度が制定されたのはなぜか？　また、この制度はどのような影響を与えたのか？　その内実を明らかにしよう。

●朝鮮人の名前

日本人の名前は氏と名で構成されているが、朝鮮人の名前は、本貫《ほんがん》・姓・名の三要素で構成される。本貫とは、宗族集団の始祖の出身地とされる地名だ。子どもは父親と同じ姓を名乗るが、この姓は一生変わることがない。そのため、女性は結婚しても父親の姓を名乗り続ける。日本ではイメージしにくいが、家族の中で「祖父、父、子は同じ姓」だが、「祖母と母は違う姓を名乗る」、ということとなる。

ただし奴婢などの賤民階級には本貫と姓はなく、あるのは名前のみ。両班の家に生まれた女性の場合は結婚すると名前が戸籍から消え、実生活でも名前を呼ばれなくなるのが普通だった。

こうした名前に関する規定は、日韓併合前年の1909年、日本人官僚の指示のもと韓国政府が施行した「民籍法」によって変化する。民籍は日本の戸籍にあたるもので、朝鮮人のみが対象だ。

この際、戸籍をハングルで登録することを禁じ、使用する漢字も制限するなどの処置がとら

京城日報

内地式の氏を名乗る

日本古來の家族制度の美風

半島にも確立されん

不眞面目でない限り

大抵は許可される

在滿半島人も

滿洲軍人に

氏導入を発表する新聞記事（京城日報 1939 年 11 月 9 日／水野直樹『創氏改名』より）

れた。その一方で、１９１１年10月には、日本人風の名前を戸籍に登録することも禁止されている。

総督府は併合直後から同化政策を唱えていたが、実際にはこのような差異化を図っていた。戸籍にしても、日本人と朝鮮人はずっと別々だったし、他の法的枠組みにおいても、日本人と朝鮮人は区別されることが多かった。

その状態は創氏改名のときまで続くことになるのだが、実は１９２０年代の段階で、日本の家制度を示す「氏」の導入が、検討されるようになっていた。

●氏制度の導入

戦前の日本は、天皇家を頂点にして、各家がその分家という立場で繫がりあうと考えられていた。一方で、朝鮮社会は宗族集団を基礎に置き、先祖への崇拝という観念が強かった。つまり、日本でいう「イエ」という価値観がなかったわけだ。

このことは、朝鮮が日本の一部であるためには、不都合なことである。宗族集団による繋がりが強ければ、天皇の立場は不安定となり、植民地支配のイデオロギー面が弱体化してしまう。

そこで総督府は、朝鮮を家制度の面から日本に同化できるか確認すべく、１９２４年には諮問機関である中枢院と協議している。具体的な法改正には至っていないが、朝鮮の家族制度が変更可能かどうかはその後も議論になった。

また、時期を同じくして、言論界で朝鮮人に日本名を付与することを主張する論者が現れていた。１９１８年に『朝鮮公論』に発表された「同化の第一義は鮮人の改名に在り――朝鮮人の名前を日本式の姓名に改めよ」や、１９２４年に『日本及日本人』に発表された「朝鮮人の名を全部日本式に変ずべし」などだ。他にも日本名付与に関する主張は登場し、程度の差こそあれ、同化のためには名前も同じくしなければならない、という論調だった。総督府は、「姓を氏にする」という案だったためにそれらを受け入れようとはしなかったが、民間においてもそうした意見が出ていたことは、注目に値する。

●朝鮮民族による満州進出

こうした中、１９３０年頃より、満州において日本名を求める朝鮮人が出るようになる。

いったいなぜか？　それは、外国人によって在満朝鮮人が収奪されていたからである。

朝鮮北部は耕地に恵まれなかったため、生活の改善を求めて満州へ渡る朝鮮人は、日韓併合前から多かった。総督府の資料によれば、１９４０年になると、満州には１５０万人の朝鮮人がいたという。

そうした中で、最も多く朝鮮人が入植していたのが、白頭山北方の間島地方である。前述したように、間島は独立運動が盛んな地域としても知られており、一般の朝鮮人は肩身の狭い思いをすることが少なくなかったようだ。朝鮮人の開拓団は中国人馬賊から襲撃され、略奪・放火・殺害などの憂き目に遭っていた。

このような背景から、生命財産の保護のために、満州の朝鮮人から「日本名を名乗らせてほしい」との要求が総督府に届くようになった。１９３１年に三姓堡《さんせいほ》の万宝山《まんぽうざん》で水利権をめぐった争いが起き、多数の朝鮮人が満州人に襲撃されると、満州だけでなく朝鮮半島からも要求が相次ぐようになった。

日本側からしても、独立運動の鎮圧で満州は不安定になっていたから、不満を抑えるために朝鮮人の意見を入れることは、理にかなっていた。そのため、間島においては一部の朝鮮人が日本名を名乗るようになっていたのである。

●創氏改名の真実

日中戦争を前後して皇民化政策が叫ばれるようになると、朝鮮人を日本の家族制度に導入しようという議論が本格化する。

しかし、総督府内、特に警察からは、犯罪捜査に支障をきたすという理由から、創氏改名に反対意見が相次いだ。警察にとって、朝鮮人は取り締まりの対象であり、日本人とは違う人種だった。そのため、朝鮮人を日本人と同列に扱う意識が希薄だったのである。

しかし、結果的には朝鮮人に「日本名を名乗る権利を与える」ことを決め、１９３９年に朝鮮戸籍法の改正が行われた。

その内容は、姓は戸籍簿上に残し、新たに家族名の氏を創設、戸籍簿上は「姓」と「氏」の両方が記載されるというものだ。氏は家族の名前であり、姓は一族の名前である。しかし、朝鮮人の中でも旧両班など特権階級

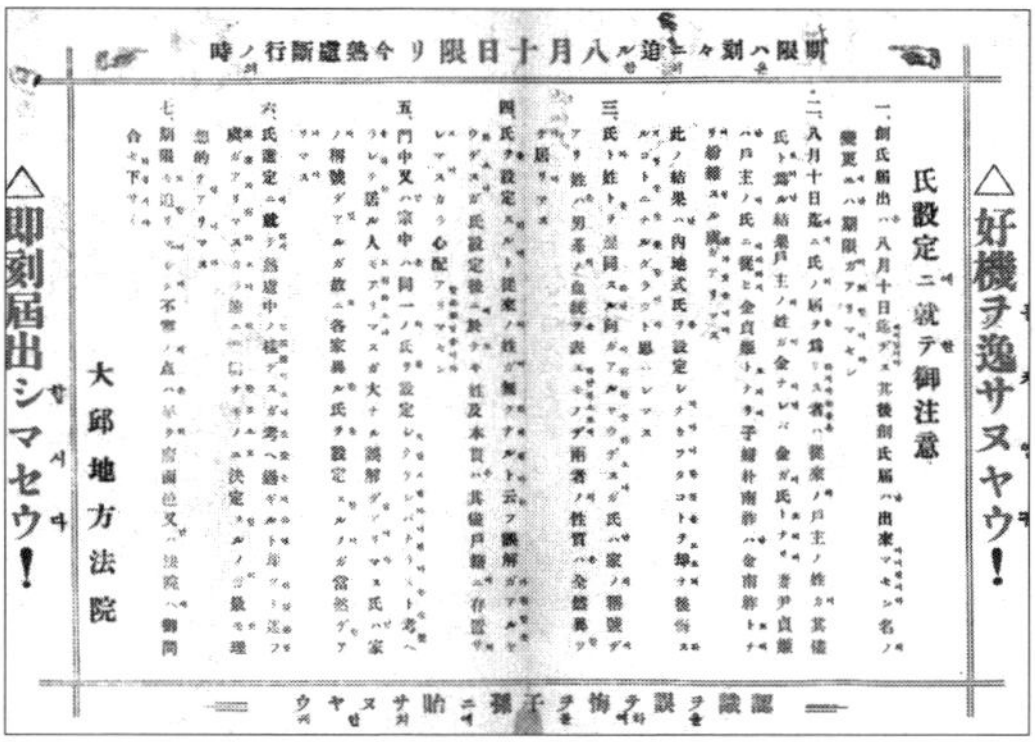

創氏を促す地方法院のビラ

だった者にとって、姓は血統の証明になっていた。そのため、「姓」が「氏」として各自で自由に変えられる制度には、強く反発する者も多くいた。

そんな中、発表された氏の創設期間は、１９４0年2月11日から半年間に限られていた。氏の提出を希望しなかった人は、家長の姓がそのまま氏として記載されることになっていた。

なお、名前に関しては任意とし、本人が希望すれば裁判所に申請し、認められた場合のみ手数料を払って改名できた。そのため、改名まで実施した人は20％ほどだった。

しかし問題は、南次郎総督が「氏の創設は自由　強制と誤解するな」と注意を促していたにもかかわらず、成果が出ないとみるや公務員や教員などに率先させたり、警察官を動員した半強制的な啓蒙活動を行ったりしたことだ。それによって、実施率は80％にまで及んでいる。

内鮮一体を進めたい総督府としては、「朝鮮人が自発的に」という形式にしなければ、政策の意味がなくなると考えたのだろう。しかし、創氏改名が実施されたといっても、同化は表面上の変化にとどまり、具体的な待遇改善にまでは至らなかった。参政権や義務教育の実施などが検討されることはあったが、結局、実現をみないまま、終戦を迎えることになった。

第5章 戦争と朝鮮半島

20・オリンピック参加とメディア統制

●植民地とスポーツ

良くも悪くも、スポーツはナショナリズムを鼓舞させるものだ。各国の代表として国際大会に臨む選手たちは、いやでも自国を意識する。選手が輝かしい功績を残せば、同じ国の人間として素直にうれしくなるものだが、それが国の誇りとして置き換えられることもある。それがときには民族意識を刺激する。

1936年に起きた日章旗抹消事件も、そのような民族意識に関係する事件だった。オリンピックという大舞台において、朝鮮出身の2人のマラソン選手が金メダルと銅メダルを獲得するという快挙を成し遂げるのだが、これが本人たちが思ってもみなかった騒動のきっかけとなる。いったい何が起きたのだろうか？

●ベルリンオリンピック開催

１９３６年は、冬（ガルミッシュパルテンキルヒェン）夏（ベルリン）ともに同一国でオリンピックが開かれた唯一の年だ。ナチス党総統アドルフ・ヒトラーは、「アーリア民族の優秀性と自分自身の権力を世界に見せつける絶好の機会」ととらえ、総力体制でオリンピックの成功を目指した。

競技場に入場するヒトラー

参加国は、全大会のロサンゼルスオリンピックを上回る49カ国で、参加人数は計３９８０人。史上最大規模で、ベルリンオリンピックは開幕を迎えた。

ちなみに、オリンピック発祥の地ギリシアのオリンピアで採火した聖火をトーチリレーで運ぶ聖火リレーが始まったのは、このベルリンオリンピックから。地中海の英軍基地を空から偵察するという軍事目的があったからとも言われている。

さて、この大会には日本人選手も数多く参加していたが、そのなかには朝鮮人も含まれていた。当時の朝鮮はマラソンのレベルが高い選手が多く、4年前のロサンゼルスオリンピックでは、金思培が6位、権泰夏が9位に入っていた。こうした朝鮮出身者の活躍は、少なからず朝鮮に勇気や希望を与えていたようだ。

ベルリンオリンピックに参加していたマラソン選手は、孫基禎《ソンギジョン》と南昇龍《ナムスンニョン》である。マラソンは、オリンピックで1番の花形と言われた人気競技。そのマラソンにおいて、朝鮮出身の二人は見事、金メダルと銅メダルに輝いた。孫が2時間29分19秒で優勝して金を、南が2時間31分42秒で銅を獲得した。マラソンでアジア人が優勝したのは初めてのことだった。

もともと二人は、その世界では有名なトップ選手だった。平壌北道生まれの孫基禎は、1935年に行われた第8回明治神宮体育大会で2時間26分42秒をたたき出し、当時の世界新記録を樹立した。世界新記録者のオリンピック金メダルは、今のところ孫選手のみである。

一方、銅メダルを獲得した南昇龍は、全羅南道出身。陸上強豪校の養正高等普通学校で高記録を出すも、成績不振で進級できず退学。しかし、東京の目白商業高校に編入して結果を出したことで、明治大学からスカウトされて箱根駅伝に参加している。

これを見てわかるのは、スポーツに関しては、植民地の人であっても実力があれば評価してもらえるということと、朝鮮名で参加できたことだ。メダル獲得によって朝鮮人としての自信や誇りが芽生え、大きくなっていったとしても、不思議ではない。

ただ、日本当局者からすれば、孫選手や南選手の功績は、「日本」という国籍でオリンピックに参加できたからこそ得ることができた、とも言える。その後に起きた日章旗抹消事件のことを考えると、そんな気がしてならない。

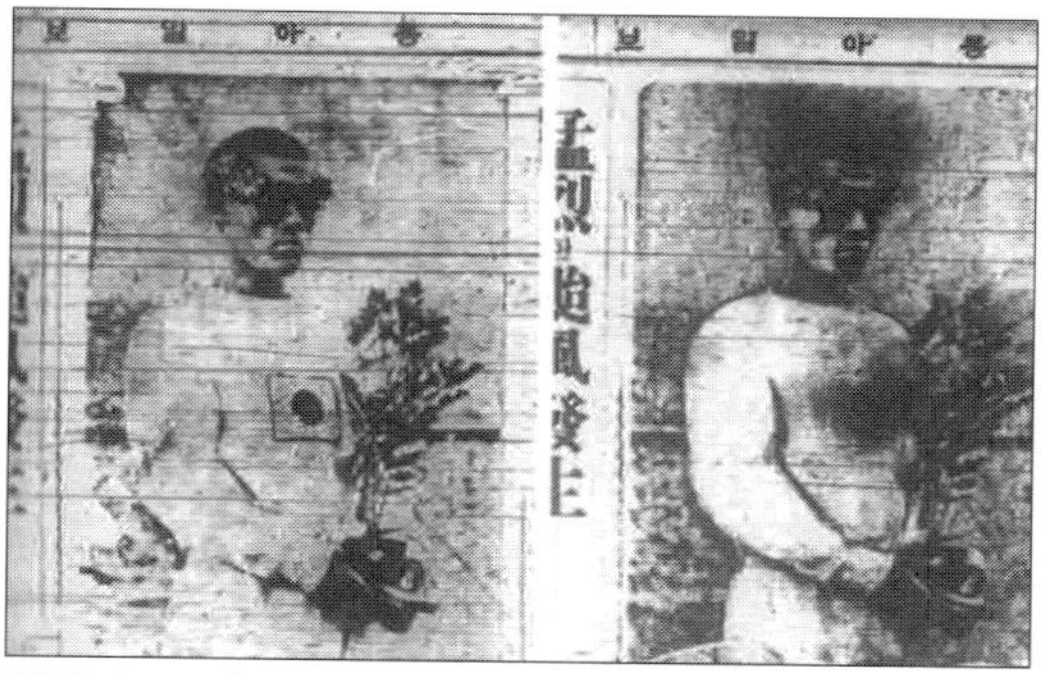
問題となった『東亜日報』の記事。左側が第１版で右が第２版。右側は新聞社によって胸の日章旗が削除された（『世界史の中の近代日韓関係』より）

●東亜日報の報道と規制の強化

２人がメダルを獲得した日から16日後、東亜日報はその快挙を報道した。同じく朝鮮中央日報も、このニュースを報道している。しかし、両紙に掲載された写真が当局者に問題視されることになる。表彰式に立つ孫基禎選手の胸の日の丸が、削除された状態で掲載されていたのである。

新聞は検閲の対象になっていたが、東亜日報は検閲通過後に写真に手を加えて日章旗を削除した。間接的に朝鮮の勝利を示すためで、民族感情の高ぶりや日本に対する不満があったことが窺える。

報道に気づいた当局は、すぐさま行動に移した。記事を掲載した記者は逮捕され、東亜日報は無期（実際には半年間）の発行停止処分を受けることとなる。朝鮮中央日報は自首し、夕刊を敢行したのち廃刊となった。

ちょうど日本では、信濃毎日新聞で「関東防空大演習をわらう」を書いた桐生悠々《きりゅうゆうゆう》が新聞社を追われ、東大教授の河合栄三郎は、「ファシズム批判」を含む4冊が発禁処分となって職を失うなど、政府批判につながる言動が厳しく制限されていた時期だ。総督府も規制の強化に乗り出すことになる。

1940年8月、朝鮮人が経営する東亜日報と朝鮮日報は、反日的な論調が目立つということで、廃刊処分が下された。朝鮮人が経営する雑誌なども廃止され、総督府の御用新聞である毎日新報だけが朝鮮語の新聞を発行し続けたが、日本に都合のいい内容ばかりになったのは、言うまでもない。

こうした政策の背景として、総督府による内鮮一体の提唱を挙げることができる。1936

年に総督に就任した南次郎は、「内鮮一体」をスローガンに、朝鮮人を内側から日本人化しようとしていた。しかし、このような総督府による過度な同化の要求は、次項で説明するように、朝鮮人有力者との協力関係にひびを入れることになってしまう。

なお、事件に巻き込まれた孫は、帰国後に日本によって監視されることになり、１９４０年に開催予定だった東京オリンピック参加は断念してしまう。

それでも、戦後は韓国に帰国してマラソン普及会を結成し、長く陸上の指導者として活躍。１９８８年に開催されたソウルオリンピックの開会式では、聖火ランナーというかたちで、再びオリンピックの舞台に立つことができた。

21・統治者と被統治者の内鮮一体

●統治者から見た内鮮一体

内鮮一体とは、内地である日本と朝鮮の同一化を意味する。１９３６年、朝鮮総督に就任した南次郎によって強調された。その目的は、前総督の代より進められていた皇民化政策の強化である。

これに基づき、総督府は朝鮮神宮をはじめ、各道・各面に神社・神祠を建設することを義務化したり、教育令を改正して、朝鮮語教育を正課から外したりした。「19・創氏改名による日本の家制度導入」で紹介した創氏改名も、こうした皇民化政策の一環だ。

日本と朝鮮の同化という考え方自体は、そう新しいものでもない。たとえば「もともと日本

内鮮一体の強化を唱えた南次郎総督

と朝鮮は同祖同族だった」という「日鮮同祖論」。科学的な根拠はないが、歴史学者ら知識人がこれを唱えて併合を歓迎していた。

にもかかわらず、1930年代に入っても、同化は進んでいなかった。その原因は、同化とは言いつつも、日本人と朝鮮人との間にあらゆる差異があったからに他ならない。

給与、教育、参政権をはじめ、朝鮮人は日本人よりも待遇が恵まれないことが多かった。特に1930年代後半、総督の宇垣一成が自力更生による不況打破を命じたことで、農民層の間でも不満がくすぶるようになっていた。

そこで南は、同化政策を実施するために、朝鮮人の待遇改善に着手する。朝鮮人の地方知事の数を増やしたり、産業部長職と内務部長職の過半数に朝鮮人を任命したり警察署長職を朝鮮人に開放したりと、朝鮮人の活躍の場を確保して、彼らの協力を得ようとしたのだ。

朝鮮人の反応は、決して悪くはなかったようだ。知識人のなかには、内鮮一体を差別からの脱却と肯定的にとらえて支持する者も少なくなかった。

たとえば玄永燮《ヒョンヨンソプ》は「朝鮮人の進むべき道」で「朝鮮文化、

朝鮮の歴史を捨て精神まで日本人になる」ことを主張。南総督に朝鮮語全廃を建議したこともあるが、「日本語使用は好いが朝鮮語全廃は好しくない」と拒否されている。

もちろん、ここまで急進的な意見は珍しいほうで、日本人化を目指すのではなく、日本人と朝鮮人が協力して新しい国をつくろう、と解釈している朝鮮人が多かった。

●内鮮一体は可能か？

ただし注意すべきなのは、内鮮一体に理解を示しつつも、それが本当に可能なのか、疑問に思う朝鮮人が少なくなかったことだ。

この頃、総督府の政策は「日本のため」に実施されているようなものが多く、朝鮮人に不信感を持たれていた。

たとえば、1938年に総督府時局対策調査会で「内鮮一体の強化徹底に関する件」が話し合われているときのこと。内鮮一体に熱心だった毎日新報社社長の崔麟《チェリン》は、「朝鮮の民族性を尊重し、朝鮮文化を崇拝しながらも、我々は、帝国臣民となることができる」と述べる一方、「文化の違いというものは、なかなか強いものであります」と文化・風習の違いを指摘し、同化は容易ではないという考えを示している。

なかには李升雨のように、「自分は日本人になりたくても、内地の方々がお前は日本臣民ではない。といえば通らない」と日本人に対する不信感を表す者もいた。

結果的にいえば、戦争が激化したことで総督府はこうした懸念を払拭しきれないまま、終戦を迎えることになる。そうした潜在的な不満があったからこそ、戦後になってもこの問題は、形をかえて何度も現れ問題を投げかけるのである。

●選挙権と徴兵制度

朝鮮人から要求された権利で代表的なものは、参政権である。

1925年、普通選挙法が日本で改正され、25歳以上のすべての男子に選挙権が、30歳以上のすべての男子に被選挙権が与えられた。

実はこのとき、居住に関する条件を満たせば、日本に居住する朝鮮籍と台湾籍の男子にも選挙権や被選挙権が与えられていた。さらに1930年以降は、日本語のできない朝鮮人に対して、ハングルで投票用紙に記入することも認められるようになる。1932年と1937年の衆議院選挙では朝鮮籍の朴春琴が立候補して当選するなど、朝鮮在住者とは待遇に大きな違いがあった。

同じ朝鮮人なのに、場所によって選挙権が与えられない。しかも、朝鮮のほうが朝鮮人人口は多いのにもかかわらず、だ。彼らが訴えを起こすのも無理はなかった。

しかし日本からすれば、朝鮮全土への参政権付与には抵抗があった。本当の意味で同化を推進する場合、日本人と朝鮮人に分かれていた戸籍を統一する必要があったし、義務として兵役を課さなければならない。

だが、当時の朝鮮における日本語普及率は決して高いとはいえず、志願兵は一定数いたものの、日本語能力に難がある者が多く、軍隊に動員するのは難しかった。

日本との完全な同化を唱えていた玄永燮でさえ、内鮮一体の実現は、「20年後か50年後100年後か」と言っていたように、簡単にいくとは思っていなかった。戦況の悪化に伴い、1944年12月には朝鮮でも徴兵制が導入され、参政権の付与も検討されていたが、すぐに終戦を迎えてしまった。日本と朝鮮は、同化と差異化という矛盾を抱えたまま、戦後を生きることになったのである。

22・国家総動員体制と植民地の矛盾

●日中戦争勃発

1937年7月7日、北京郊外の盧溝橋《ろこうきょう》で日中両軍による衝突が起きた。盧溝橋事件である。7月11日には停戦協定が結ばれたが、近衛文麿《このえふみまろ》首相は、五個師団の派兵を決定。日中間は、全面戦争へと発展する。日本政府は、国民精神総動員運動を起こし、日本精神の発揚と生活規制をはかった。いわば、国家が国民を管理できるようになったわけだ。

戦争の長期化によって軍事予算が激増し、物資と労働力の不足が深刻となると、軍需生産を最優先とする経済統制はさらに強化されることになる。その波は日本本土のみならず、植民地である朝鮮にも及んでいく。

現在でも、当時の動員方法をめぐっては議論が絶えない。多くの場合、テーマとなるのは「強制連行があったかどうか」だが、感情論が先行しがちで、なかなか冷静に議論は進んでいないように思う。

ここでは視点を変えて、朝鮮人はどのようにして国家総動員体制に組み込まれたかを見ていきたい。そもそも、国家総動員体制というシステムは、行政機構が発達していなければ、実現不可能なものである。それを準備の整わない朝鮮社会にも適応しようとしたことで、あらゆる問題が生じてしまうのである。

盧溝橋での日中衝突を受けて出動する中国兵。この事件が発端となって日中戦争が起こると、日本は戦争遂行のために統制経済を導入した。

日本のみならず、朝鮮半島の生活も一変させた国民総動員体制。朝鮮出身者は、どのようにしてこの体制に組み込まれたのか？　その過程を紹介しよう。

●朝鮮人動員計画

国家総動員法が施行される前、１９３０年の段階において、日本にはおよそ30万人の朝鮮人がいた。学生も進学のためにやってきたが、多くは職を求めてやってきた貧困層だ。実際は、もっと多くの朝鮮人が日本への渡航を希望していたが、日本政府は「朝鮮人の日本への渡航は、恐慌下での日本人労働者を圧迫する」として厳しく制限していた。

しかし日中戦争が始まると、政府は方針を転換する。日本人労働者が戦争に動員されて国内が労働力不足となり、軍需工場や関連施設の運用に支障をきたすようになったからだ。

１９３８年、企画院の立案した「国家総動員法」が成立し、日本政府は非常に広範な権限を得るに至る。人・物・資源の統制、総動員業への国民の徴用、労働争議の制限・禁止、生産・流通・運輸の統制などを、議会に諮らずに勅令で行えるようになったのである。

翌年には「国民徴用令」が出され、男子の中小工業労働者、14歳以上25歳未満の独身女性、新規学校卒業者（当初は小学校卒業者のみ、１９４３年以降は中学校卒業者も）などは、「国民徴用令書」に書かれた工場で勤務することになった。

徴用は法律に基づき強制的に従事させるものであるため、日本人はこれを断ることはできない。主な招集場所は、航空機産業、陸海軍の直轄工場、機械工場などであった。

一方、朝鮮人労務員を動員する計画は、この法律が成立した年の9月につくられた。

動員方法は、募集、総督府主導の斡旋、徴用の3つだ。なお、勘違いされることも多いので付言しておくと、動員というのはタダ働きではなく、あくまで「労働契約」である。契約期間は2年と決められ、雇用した企業から賃金が支払われることになっていた。

南次郎のあとをついで動員計画を担った小磯国昭

さて、動員計画が決まったあと、最初に実施されたのは、希望者を募って労働現場に送る動員形式だ。1939年9月に実施され、これによって3年間でおよそ15万人の朝鮮人が職を求めて日本へやってきた。

一見するとかなりの朝鮮人が募集に応じていたようだが、各年とも目標としていた人数を満たせず、労働力不足を解消できたとはいいがたかった。

そこで採られたのが、官斡旋方式だ。官斡旋とは、動員に必要な人数を面（村）ごとに割り振り、面の責任でその割り当てられた人数を確保する動員形式である。日本や朝鮮内の工場、さらには満州などへ、朝鮮の農民を移動させることが目的だ。

1942年2月にこの官斡旋方式が採用されると、計画数は前年度8万1000人から12万人に引き上げられ、この数を超える人員が確保された。

これまで達成できなかった水準を急に上回ることができたのは、この動員がなかば強引なものだったからに他ならない。制度上は動員を拒否することはできたものの、政務総監自身が語っていたように、実際には本人の意思に反して動員されることもあったようだ。そうまでしなければ、日本本土の労働力不足の解消はできなかったということなのだろう。

そのためしばらくはこの官斡旋式と募集式が併用されて、不足する労働力が賄われていた。動員された朝鮮人は、厳しい労働環境に置かれることが多かったようだ。というより、動員された場所が、炭鉱や荷役、土建現場といった、もともと労働環境が悪い場所だったため、同じ現場で働く日本人とともに、相当の苦労をしていたらしい。「暴力を振るわれた」との証言もあるため、環境は決して恵まれていたとはいえないだろう。

ただし、事業者によっては演劇会や映画会を朝鮮人に提供することもあったし、地域の日本人と交流を持った朝鮮人もいた。戦争遂行上重要な職場だった場合、食料を上乗せしてもらえることもあったようだ。

●徴用されないことの意味

それにしても、なぜ日本はわざわざ募集や斡旋にこだわったのだろうか？　日本本土では

1939年7月から国民徴用令が施行されていたから、同じルールを朝鮮に適用することも可能だったはずだ。斡旋がなかば強引なものだったとしたら、法律によって強制することも変わらないように見える。

しかし、実際には徴用を導入しようとすると、「動員手続きが複雑化する」「国民としての権利をどうするか」という問題が浮上するのである。

先述したように、募集や官斡旋で日本にやってきたのは、あくまで企業と労働契約を結んだ人たちである。それに対して徴用は、法律によって手続きや労働条件などが細かく設定されており、労務者は、企業と公機関の両方と手続きをする必要があった。しかし、総督府ではそんな複雑な事務をこなせるほど、行政機構が整備されていなかったのだ。

それに、徴用は法律に基づく強制であり、募集や官斡旋と違って罰則規定があるため、朝鮮人の反発を招きやすかった。徴用が実施された1945年のデータでは、動員数が想定の8割以下にとどまっているため、導入前から慎重になるのは当然だった。

そして導入が遅くなったもう一つの理由は、徴用に朝鮮人の権利をどうするか、という問題があったからだ。

労働力が不足していたのは、何も企業だけではない。戦争を遂行する陸海軍も、朝鮮人を陸海軍の工員として徴用することを総督府に強く求めていた。そのため、徴用が実施されると一部の朝鮮人が軍属として部隊の設営などを担うことになるのだが、これが徴用制度の意味を変えた。つまり、朝鮮人は軍役という「国民の義務」を果たすことになったため、日本は国民の権利である参政権や義務教育を与えなければいけなくなったのである。

日本はこれまで、日本人と朝鮮人の同化を掲げながらも、細かな差異を残してきた。参政権や義務教育はその一つだ。徴用制の導入は、そうした差異を残す植民地統治の転換を意味した。そのため、日本は徴用の実施に慎重だったのである。

それでも１９４４年９月、人手不足が深刻化したからか、徴用制度が導入されることになった。最初は３つの形式が併用されながら順次徴用へと統制されていき、１９４５年３月まで継続する。その間に徴兵制も導入され、選挙権の付与、義務教育性の導入など、日本人と同じ権利・義務が朝鮮人の手に渡ろうとしていたが、終戦によってその構想も白紙となり、朝鮮の人々の権利は、占領軍であるアメリカの手に握られることになるのだった。

23・朝鮮半島と軍隊

●活躍する朝鮮兵

本項では、朝鮮半島の人たちと軍隊について見ていきたい。

意外に思うかもしれないが、朝鮮で徴兵制が採用されたのは、朝鮮統治末期の１９４２年になってから。戦況の悪化を受けて導入され、１９４４年に実施された。ただ、すぐに終戦を迎えて朝鮮人は戦場に出なかったため、知らない人がいるのも無理はない。

それではそれ以前に徴兵制を導入する動きがなかったかと言えば、そうではない。兵力の増強を望む朝鮮軍（朝鮮を管轄する陸軍の一つ）は、満州事変後の１９３２年ごろから、朝鮮人が軍隊に動員可能かどうかを検討していた。日中戦争が起こると議論は本格化し、朝鮮軍は総督府とともに対策を考えていた。

一方、併合から27年が経ったことで、朝鮮の若者は李朝時代を知らず、日本統治下の暮らしが日常になっていた。そのなかから、戦争が起こっていることを知って、「自分も戦いたい」と総督府に志願する者が現れた。折から志願兵制の検討を進めていた南次郎総督は、これを好機として「朝鮮人特別志願兵制度」を日本政府に提起。翌年から朝鮮人を対象に志願兵制が実施されることになった。

初年度は２９４８人の応募に対し、採用数は４０８人。志願者と採用者は年々増え続け、特に太平洋戦争勃発翌年の志願者数は25万４２７３人に及び、そのうち４０７７人が採用となった。

しかし、こうした志願兵の多くは貧しい農民で学歴も低く、食い扶持を稼ぐために応募したというのが実情だった。日本語が話せない者が多く、軍事行動には不向きな人材ばかり。また、下級官吏が手柄を立てるために学校の校長や村長などに若者を紹介してもらうこともよくあり、地方で

行進する朝鮮人特別志願兵たち

は、署長や郡守が戸別訪問して呼びかけていたという。こうして朝鮮半島においても、一部の若者は半ば強引に戦場へと送られるようになり、日本人兵士として、太平洋戦争に参加するのである。

なお、真珠湾攻撃以降、日本軍が勝利を重ねていくと、マレーシアやインドネシアでは連合軍の捕虜が増大し、彼らを監視する人員が不足した。仕事は捕虜収容所の監視員であるため、戦場に出る必要はない。そのため、軍に志願して不合格になった者はこの監視員への応募に殺到し、1942年8月には3000人が軍属（捕虜収容監視員）として徴用されていった。

●朝鮮での徴兵制度

太平洋戦争開戦当初、真珠湾攻撃の成功を皮切りに、日本は戦闘を優位に進めていた。だが、ミッドウェー沖海戦後は敗北続きで、日本人の若者は次々と動員されていったため、日本の大学には朝鮮と台湾出身者ばかりが残った。

そこで導入されたのが「学徒特別志願兵制」、すなわち朝鮮人・台湾人学生の動員制度である。総督府の集計によると、応じた学生は4835名、拒否した学生は2800名と推定される。しかし、拒否した学生には徴用令が出されたというから、実態としては自由意志は制限されていたと言える。

なぜ、日本政府は志願制にこだわり、徴兵制を導入しようとしなかったのだろうか？　それは、前項でも触れたように、軍役という義務を課せば、権利である参政権などを与えなければいけないからだ。

そのため、当局者はできるだけ志願兵で乗り切ろうとしていたが、戦況が悪化するとそうも言っていられず、1944年9月になって徴兵制は実施された。

ただし、先述したように、徴兵された兵士たちが戦闘を経験することはなかった。徴兵の一部は、1945年7月から内地部隊に配属されたが、実戦経験することなく、8月15日の終戦の日を迎えている。徴兵の大部分は、訓練中に終戦を迎えることになった。

●朝鮮人BC級戦犯

このように、日本のために日本人として戦った朝鮮人だったが、戦後は過酷な運命が待ち受けていた。

1945年9月以降、日本の施政権を得たGHQは、東条英機らを戦争犯罪人として逮捕。翌年5月に極東国際軍事裁判を開廷し、A級戦争犯罪（平和に対する罪）として28人を起訴した。そのなかで東条英機や広田弘毅ら総理大臣経験者を含む7名が死刑判決を受けた。

こうした戦争指導者に対し、通常の戦争犯罪としてB級戦争犯罪者、人道に対する罪としてC級戦争犯罪者と規定され、世界各地で裁判が開かれた。その結果、死刑判決を受けたのは、900人以上にも及んだが、日本人として戦った朝鮮出身者も、例外ではなかった。朝鮮人BC級戦犯の数は148人。死刑判決を受けた軍人は3人いたが、そのうちの一人は朝鮮出身の将校洪思翊《こうしよく》中将だった。

その後、朝鮮人BC級戦犯も刑期を満了して巣鴨プリズンから釈放されていったが、「対日協力者」というレッテルをはられて、苦しい生活を送ることになる。こうした事態を改善しようと、「韓国BC級戦犯者遺族会」は長年にわたって名誉回復を韓国政府に展開。それが功を奏し、2006年になって「戦犯でなく被害者」と認定され、「捕虜監視員でBC級戦犯となったものは、「強制動員の被害者」と認定された。BC級戦犯は、近年になってようやく名誉を回復することができたのである。

24・終戦と分断国家誕生

●終戦

１９４５年8月15日、35年に及んだ日本の統治が終わる日がやってきた。日本はポツダム宣言を受け入れ、連合軍に降伏。この日を韓国では、光復節《こうふくせつ》という。「8・大韓民国臨時政府の失敗」で紹介したように、中国に派遣されたOSS（アメリカ戦略事務局）によって光復軍は訓練を受けていたが、軍事活動をすることはなく、宗主国の敗戦によって解放の日を迎えることになった。

しかし、終戦後、朝鮮はすんなり独立できたわけではない。ご存知のとおり、半島は二つの国家に分断されてしまった。最終項となる本項で独立までの過程を追ってみよう。

●呂運亨と建国準備委員会

日本本土が毎日のように空爆を受けて焼野原になっていた一方、戦場にならなかった朝鮮半島は無傷で、警察官も軍隊もそのまま残っていた。

そして終戦の日の正午、京城放送局を通じて天皇陛下の玉音放送が伝わった。その日のうちに「日本が負けた」ことが壁新聞やビラを通じて朝鮮半島の隅々まで伝わっていったのである。しかし、終戦日の京城は、驚くほど静かだったという。日本軍の敗戦が信じられない人たちばかりだった。というより、他国から何度も攻められてきた朝鮮からすれば、何もせずに戦争が終わったことに、実感がわかなかったのであった。この時点で日本の敗戦が植民地解放だと知った人は、あまりいなかったのではないだろうか。

民族運動家・呂運亨

京城の街では、終戦翌日に独立万歳を叫ぶ者が多数現れたが、独立が可能かどうかは、誰も知る由がなかった。朝鮮人は「日本が負けたのだから、独立は当然」と考えたかもしれないが、その運命を決めるのは連合軍である。先述したように、連合軍で朝鮮の独立に賛成なのは中国くらいで、他の国は、日本からは切り離すが独立は当分先にしようと考えていた。朝鮮半島の独立を認めると、アジアの植民地を刺激することになる。植民地の再統治を目指すイギリスはそれを危惧していた。

一方で、朝鮮総督府をはじめ、朝鮮半島在住の日本人は「日本が降伏したことで、朝鮮半島の住民が暴徒化し日本人に危害を加えるのではないか」と不安になっていった。そこで総督府は、玉音放送が流れる4時間前に、民衆から絶大な支持があった民族活動家の呂運亨《ヨウニョン》に接触を図り、治安権限を譲渡するかわりに日本人の治安維持を求めた。

呂の要求により出獄した政治犯たち

これを受け、終戦日に呂は、「建国準備委員会」を設立。総督府に対し呂は、1万5000人におよぶ政治犯の釈放などを要求した。翌日、総督府が要求をのんで政治犯を釈放すると、呂が中心となって「建国青年治安隊」が誕生。京城放送局を通じて「朝鮮人たちよ、秩序を維持せよ。建国のために準備せよ」と「朝鮮人の団結と治安の維持」を訴えた。朝鮮人の多くは、ここで初めて「独立」を意識したのではないだろうか。

●終戦時の日本人

京城帝国大学の助教授だった田中正四《まさし》は、手記で「15日は何も起こらず静かだった」こと、「17日になると大学は朝鮮人職員と学生に占拠され肩身の狭い立場に追いやられてしまったが、2日と続かなかった」こと、「平穏を取り戻すと、日本人教員が低姿勢から一転し強気になった」ことをまとめている。

総督府に勤務していた西川清は、「終戦翌日も普通に職場に行った」こと、「日本に帰ることになるから朝鮮人に引き継いだ」「周辺で人的被害はなかったが日本人同士かたまっていた」ことを証言している。

とはいえ、どさくさに紛れて犯罪を働く人もいたことは事実。暴行略奪や官公庁襲撃事件が相次いだ。被害者の多くは役人や警察であり、日本人が対象になったのは、殺害6件・傷害8件・暴行21件。それに対し、意外なことに朝鮮人が対象になったのは、殺害21件・傷害67件・暴行118件と日本人よりもはるかに多かった。

日本人に対する事件があまり起きなかったのは、大日本帝国第十七方面軍（朝鮮軍）を警戒していたからだと考えられる。正確な実数は不明だが、終戦時の南朝鮮には、約23万人あまりの陸軍勢力と約3万人の海軍勢力が存在したと言われている。確かに、暴徒が敵に回すにはリスクが大きすぎる相手だ。

●38度線で分断

一方、ソ連が朝鮮半島に進攻して北部地域を占領し始めたことで、アメリカは慌てた。朝鮮半島がソ連に占領されると、社会主義政権ができてしまう。現に、東欧のソ連が占領した地域では、ソ連寄りの政権が作られようとしていた。

朝鮮がソ連の支配下に置かれ、共産化してしまうことを恐れたハリー・トルーマン大統領は、ヨシフ・スターリン書記長に対して「一般命令第一号」を送った。その内容は、「アメリカが単独で日本を占領する。沖縄もアメリカ軍が占領する。その代わり、朝鮮は北緯38度線で分割占領しよう」というものだった。

スターリンはこれに同意した。まだ朝鮮を占領しておらず、一週間しか対日戦に参加していないのにもかかわらず、朝鮮を半分占領できるのは悪い話ではなかったからだ。アメリカとしても、全土をソ連に取られるくらいなら半分でも確保しておきたかった。

総督府は米軍が到着するまでの間、引き続き朝鮮半島の統治を任された。よって米陸軍に権力を引き継いだのは９月８日になってからだった。

1945年9月朝鮮に進駐したアメリカ兵

9月9日16時、在朝鮮米軍司令官ジョン・ホッジ中将ならびに米海軍代表のキンケイド大将と、朝鮮総督阿部信行とのあいだで、北緯38度以南の日本軍の無条件降伏と施政権の移譲を取り決めた降伏文書の調印式が行われた。

その直後、朝鮮総督府正面に翻っていた日章旗が降ろされ星条旗が掲げられた。35年におよぶ植民地支配に終わりを告げ、アメリカによる軍政がスタートした瞬間だった。

●分断国家誕生

朝鮮南部においては、上海で「大韓民国臨時政府」を樹立した李承晩《イスンマン》がアメリカから、同じく設立メンバーの金九《キムグ》が中国から帰国。しかしやはり、自由主義者同士の政治的主導権をめぐる争いが激化していった。

朝鮮の扱いが決まったのは、1945年12月のことである。モスクワでアメリカ・ソ連・イギリスによる三相会議が開かれ、朝鮮は「米・英・ソ・中」によって最高5年間の信託統治が実施されることが決定された。イギリスの思惑通りにことが進んでいくかに見えた。しかし、南朝鮮での抵抗は予想以上だった。

日本人が引き上げると、朝鮮では激しいインフレーションが発生。経済は大混乱となった。政治的にも混乱は続いており、朝鮮南部では信託統治に対して賛否両論だった。反対派は李承晩や金九を中心とする民族主義者、賛成派は朝鮮共産党の左派勢力。両者の間では対立が続いていた。

両派に人望のある呂運亨は、「米・英・ソ・中の4カ国で朝鮮を信託統治する」「その期間中、国家建設の条件作りと植民地遺制の一掃のため、民主的な臨時政府を樹立する」ことなどを定めた「左右合作七原則」を発表し、なんとか分断の危機を回避しようとしたが、意外な形で幕は閉じた。1947年7月、右翼青年に暗殺されてしまったのだ。その結果、合作運動は完全に頓挫。一説にはこの暗殺は李承晩の差金と言われている。

その後、米ソ共同委員会が対立すると、アメリカは1947年10月、委員会を打ちきり、国連総会で、「国連の監視の下で南北朝鮮総選挙を実施し、政府を樹立する」ことを決定した。

当然、そんなことにソ連が納得できるわけもなく、国連臨時朝鮮委員会の北緯38度線以北への侵入を断固拒否。これにより、朝鮮全土での総選挙は不可能となり、南朝鮮だけで選挙を行うことが決まった。

　翌年1月には、総選挙を監視するために設置された国連臨時朝鮮委員会がソウルへ到着した。しかし、北朝鮮の左派はかねて反対していた通り、国連臨時朝鮮委員会の立ち入りを拒否。そこで、済州島を除く南朝鮮全域で単独の総選挙が実施され198人の国会議員が選出され、彼らの間接選挙によって、初代大統領として李承晩が選ばれた。こうして1948年8月15日、米軍のジョン・ホッジ司令官が軍政終了の宣言をしたのち、現在まで続く「大韓民国」が成立したのである。

　その後、韓国と北朝鮮は内戦へと突入するが、考えてみれば、それは当然の結果だったのかもしれない。日韓併合の期間において、民族主義陣営と共産主義陣営は、仲たがいばかりして結束することができなかった。「帝国主義への抵抗」という点で一致していても、その先のビジョンが最初から噛み合っていないのだから、無理もない。実現は難しかったかもしれないが、もしも両者が手を取り合って現実路線を模索していれば、独立運動も戦後の国家運営も、違ったものになったかもしれない。

おわりに

日韓併合について韓国では、「欧米列強以上に過酷で地獄の苦しみを与え、類を見ないほど残酷なものだった」と教育している。研究者の中にはそうした民族史観を戒める者もいるが、決して多くない。むしろ、日本を擁護しているとみなされれば、研究者の地位を失うのが普通だ。

それでも、最近の日韓における研究の傾向は、依然と比べると大きく変化している。それは、これまで理想的だとされてきた「近代」という概念が、そこまでいいものではないことがわかってきたからだろう。

なぜ35年間の日本統治期間で、暴動や独立運動はあまり起こらなかったのだろうか？　それは、近代を受け入れた朝鮮人が規律化し、日本の統治に順応したからではないだろうか。警察組織が整備され、学校教育も広がっていく中、朝鮮人にとって日本の統治は日常となり、普通に暮らしている分には問題はなかった。

しかし、日中戦争後の諸政策を見るとわかるように、朝鮮人と日本人との差異が目立つようになると、民族感情は刺激され、朝鮮人は日本への反発を蓄積させていく。

また、日本が植民地統治を通じて、協力者作りを欠かさなかったことも、統治の安定につながったはずだ。併合当初は、皇族や開花派官僚などの旧エリート層を、独立運動以降は、地方の有力者や地主などを優遇して、総統府は統治の安定を図った。

だが、末端の労働者層は恩恵にあずかれず、苦しい生活に陥っていた。日本でも、財閥や寄生地主が優遇されて小作人や工場労働者は悲惨な状況であったが、植民地においてはナショナリズムと結びつく危険性もあったため、彼らは潜在的な脅威だったといえるだろう。

こうした水面下での民族感情の高まりは、優遇されていた対日協力者への恨みへと向かっていく。現在の韓国で「親日派」というのは最大の侮辱語だというが、それも右のような事情によるのかもしれない。

もう終わったと思っている日本と、まだ終わっていないと思っている韓国。今後、両国がお互い協力し合う良好な関係になれる日は来るのだろうか？　すぐに実現することは難しいだろう。それでもやはり、都合のいい事実をつなぎ合わせるのではなく、歴史をきちんと見つめることが大切だと私は考える。

長くなったが、まずはここまで読んでくださった皆さんに感謝したい。なかには、前著『本当は怖ろしい韓国の歴史』を読んでくださった方もいるかもしれない。前著でも少しだけ日韓併合について紹介したが、紙面の関係上、詳しく解説することはできなかった。今回こうして日韓併合をテーマに執筆にたどり着けたのは、多くの方が前著を購入してくださったおかげである。重ねて感謝したい。

最後に、長期にわたり本書を担当してくださった、株式会社彩図社編集部の名畑諒平さんに、この場を借りてお礼を申し上げます。

２０１８年４月　豊田隆雄

主要参考文献・論文

李鶴来『韓国人元BC級戦犯の訴え』梨の木社
海野福寿『韓国併合』岩波書店
加藤聖文『「大日本帝国」崩壊』中央公論新社
姜在彦『日本による朝鮮支配の40年』朝日新聞社
姜在彦『［増補改訂版］朝鮮近代史』平凡社
金両基『図説韓国の歴史』河出書房新社
金完燮『親日派のための弁明』草思社
金完燮『親日派のための弁明2』扶桑社
澁谷由里『馬賊で見る「満洲」』講談社
ジョージ・アキタ、ブランドン・パーマー『「日本の朝鮮統治」を検証する』草思社
関周一『日朝関係史』吉川弘文館
高崎宗司『植民地朝鮮の日本人』岩波書店
武光誠『韓国と日本の歴史地図』青春出版社
趙景達『植民地朝鮮と日本』岩波書店
長田彰文『世界史の中の近代日韓関係』慶應義塾大学出版会
中村欽哉『ソウル　日帝下の遺跡を歩く』柘植書房新社
西成田豊『労働動員と強制連行』山川出版社
水野俊平『韓国の歴史』河出書房新社
水野直樹『創氏改名』岩波書店

水間政憲『ひと目でわかる「日韓併合」時代の真実』ＰＨＰ研究所
宮嶋博史『両班』中央公論新社
三橋広夫『韓国の小学校歴史教科書』明石書店
三橋広夫『韓国の中学校歴史教科書』明石書店
三橋広夫『韓国の高校歴史教科書』明石書店
和田春樹『これだけは知っておきたい日本と朝鮮の一〇〇年史』平凡社
桜の花出版編集部『朝鮮總督府官吏　最後の証言』星雲社
『岩波講座 近代日本と植民地　2〜7巻』岩波書店
河合和男「植民地期における朝鮮工業化について」
辻原万規彦「朝鮮窒素肥料の興南地区社宅街について」
並木真人「朝鮮における「植民地近代性」・「植民地公共性」・対日協力：植民地政治史・社会史研究のための予備的考察」
松本武祝「植民地期朝鮮農村における衛生・医療事業の展開――「植民地的近代性」に関する試論――」
宮田節子「朝鮮総督・宇垣一成」
三ツ井崇「揺らぐ「内鮮一体」像」
黄登忠・朝元照雄「植民地時代台湾の農業政策と経済発展」
薄井寛「戦中戦後の食料難を歴史教科書はどう書いているのか」
徐東帝、宮崎涼子、川嵜陽、水野直樹、西垣安比古「「京城都市構想図」に関する研究」
宮崎涼子、徐東帝、西垣安比古、水野直樹「「京城都市構想図」における景福宮域の再編計画案の立案時期とその特徴」

彩図社好評既刊本

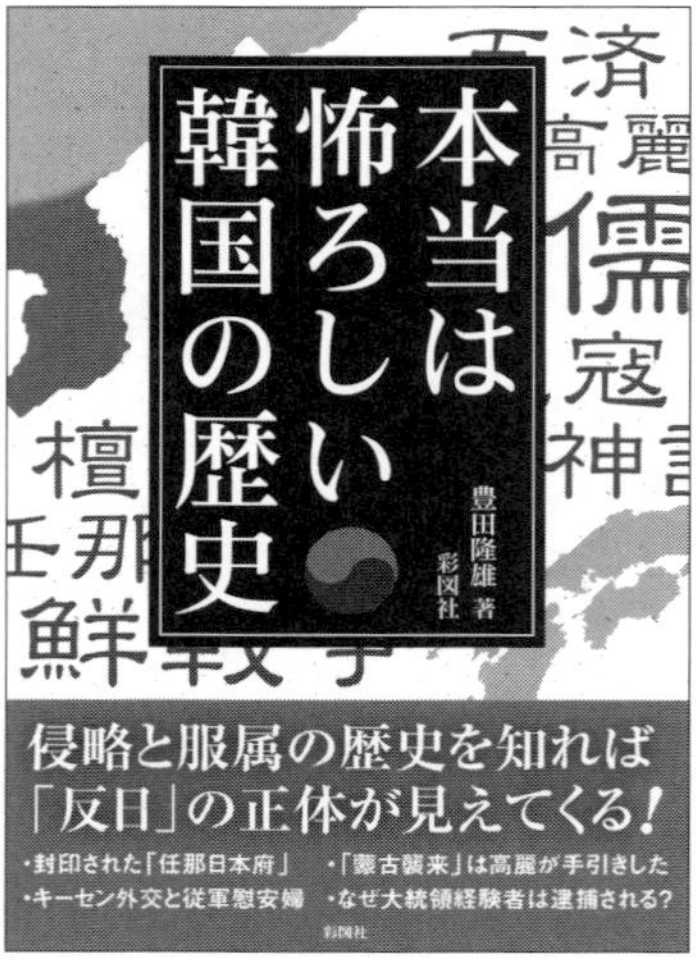

本当は怖ろしい
韓国の歴史

豊田 隆雄 著

韓国とはどのような国なのか？　対馬から海上約50キロの隣国だけあって、日本との関わりは深い。友好関係を築いたこともあれば、日本が侵略されたことも。本書では、「日本人が知っておくべき韓国の歴史」を、対外戦争や内政問題を中心に解説。韓国人の国民性が、歴史を通じてすっきりわかる。

ISBN978-4-8013-0185-6　文庫判　本体630円＋税

彩図社好評既刊本

韓国人が書いた　韓国で行われている

「反日教育」の実態

崔 碩栄 著

韓国社会が行っている「反日教育」とはどのようなものなのか？　そしてそれはどのような影響を与えていて、今後どうなっていくのか？　「歴史教科書」「国語」「道徳」「音楽」、さらには「校外学習」のような課外授業まで。韓国人だから書けた韓国の教育問題に鋭く切り込んだ１冊。

ISBN978-4-8013-0040-8　46判　本体1300円＋税

〈著者プロフィール〉

豊田 隆雄（とよだ・たかお）

福島県生まれ。現職の高校教師。

埼玉大学大学院修士課程修了。

学生時代の専攻は東アジア研究。

韓国人留学生や中国人留学生から歴史に関する議論を挑まれた経験から、正当性を得るために書物を読み漁り、日本の歴史に関心を持つようになる。「歴史を語るなら、最後は史料」がモットー。

著書に『日本人が知らない日本の戦争史』『本当は怖ろしい韓国の歴史』（彩図社）がある。

誰も書かなかった 日韓併合の真実

2018年5月22日第1刷

著者　豊田隆雄
発行人　山田有司
発行所　株式会社　彩図社《さいずしゃ》
〒170-0005
東京都豊島区南大塚3-24-4　ＭＴビル
TEL 03-5985-8213　FAX 03-5985-8224
URL：http://www.saiz.co.jp
Twitter：https://twitter.com/saiz_sha
印刷所　シナノ印刷株式会社

ISBN978-4-8013-0299-0　C0022
乱丁・落丁本はお取り替えいたします。